古村改造记

中山历史村落保护振兴实践

王瑾　刘斯捷　桂铭泽　吴舒瑞 ／ 著

东方出版中心

图书在版编目（CIP）数据

古村改造记：中山历史村落保护振兴实践 / 王瑾等
著. 一上海：东方出版中心，2023.5
ISBN 978-7-5473-2176-8

Ⅰ.①古… Ⅱ.①王… Ⅲ.①村落－保护－研究－中
山 Ⅳ.①K926.53

中国国家版本馆CIP数据核字（2023）第056208号

古村改造记：中山历史村落保护振兴实践

著　　者　王　瑾　刘斯捷　桂铭泽　吴舒瑞
策划/责编　戴欣倍
装帧设计　钟　颖

出版发行　东方出版中心有限公司
地　　址　上海市仙霞路345号
邮政编码　200336
电　　话　021-62417400
印刷者　上海丽佳制版印刷有限公司

开　　本　710mm×1000mm　1/16
印　　张　18.75
字　　数　277千字
版　　次　2023年5月第1版
印　　次　2023年5月第1次印刷
定　　价　78.00元

序　言

中山古称香山，1925年为纪念孙中山先生改名为中山。《永乐大典》里记载："香山为邑，海中一岛耳。"后经过沧海桑田的演变逐渐形成现在的中山，造就了丰富多样的聚落形态。众多的古村落主要分布于五桂山周边，这些村落承载着中山的名人文化、华侨文化和民俗文化，是讲好"中山故事"的重要载体。与珠三角的其他城市相比，中山乡村的建筑遗产虽不比五邑地区的华美，但中山的古村落数量多、建筑多元丰富且保存相对完整，具有群体价值。近代孕育了以孙中山、郑观应等为代表的众多闻名中外、影响深远的历史人物，他们在政治、经济、文化等领域深刻影响了中国近代化进程，史学界"一群广东人，半部近代史"的说法中，离不开的是香山人的身影。

2017年我们开始走村，越来越被中山乡村的魅力所吸引，也时常呼吁要保护乡村。一直到2019年农办陈柳斌主任找到我们，希望我们能参与中山的乡村振兴，我们便开始了3年的乡村振兴实践。这3年所做的乡村振兴主要项目都汇集在本书中。中山乡村的变化现以改造先后对比的方式呈现给大家，希望能为中山的乡村振兴提供实践的样本。

本书共有五章，第一章整体介绍中山历史村落的魅力和保护、振兴的情况。第二章至第五章介绍了我们参与的雍陌村、安堂村、大环村、沙涌村、横门渔港、桂南村这6个乡村的保护与振兴的详细过程。这些村比较有代表性，如郑观应故里雍陌村、先施百货的创始人故里沙涌村、粤乐宗师吕文成故里大环村、宗族聚落的代表安堂村、客家文化的代表桂南村等。

大环村是我们在中山介入的第一个乡村，也是火炬开发区想要重点打造的乡村。大环村依山傍水，有36座精美碉楼，也是粤乐宗师吕文成和有"飞将军"之称的张惠长的故里。我们通过改造村里的主要公共空间形成了大小环线，修缮文物，改善河岸空间，修缮加固空置的老房子，打造"音乐之村"的名片。

雍陌村是郑观应的故居，也是邓小平留下"不走回头路"改革强音的地方。岐澳古道经过雍陌村。在改革开放时期，雍陌借助中山温泉、高尔夫等休闲设施，村集体工业和华侨资助，经济发展较快。村子规模比较大，但村里的老房子保留的并不多。我们就提出以村子的祠堂和郑观应故居为核心划定一个示范区，再向两侧推进。2022年雍陌村成功举办了纪念郑观应诞辰180周年活动，推动了郑观应学术思想的研讨，凝聚了郑氏宗亲的关系，提升了雍陌村民的自豪感。雍陌村也走出了一条由村委会代管村内的空置、危险的老屋，统一修缮、加固、活化利用的路子。

安堂村是中国传统村落，林氏聚居，保留有众多装饰华丽的祠堂，村落规模大，传统风貌建筑多。我们在设计上重点打造安堂村的入村口形象和双桂下街，希望能让更多人领略到安堂之美。我们拆除了村委会的围墙，把村委会的院子改造成了村民活动的广场，同时拆除村里的私搭乱建，打造了一系列微场地，给村民们提供聊天、休憩的空间。同时我们也修缮了民国时期的广善医局、人民公社时期的粮仓，将精美的民居改造为民宿。但安堂的振兴之路依然漫长，由于周边都是红木家具厂、牛仔服装厂，村里外来打工者群租现象较突出，乡村的治理压力较大，仅依靠市里的专项资金往往是杯水车薪。

沙涌村历史文化底蕴非常深厚，是先施百货的创始人马应彪的故里，马应彪有近代中国百货第一人之称。在沙涌，近代乡村公共建筑非常突出，有马应彪等爱国华侨筹建的沙涌学校、沙涌华侨医院——恩重堂、在明女校、沙涌公园。同时沙涌也是人民公社时期环城公社的驻地，至今仍保留着完整的公社建筑群，包括办公楼、邮局、供销社、食堂等。我们在设计上重点打造环城公社片区、马应彪纪念公园片区和联系两片区的南宝大街；修缮重要的老建筑，植入文化展示、创意功能，让老街区焕发新活力。

横门渔港是20世纪50至60年代的横门渔业公社，由一个渔港、一条横门渔业公社大街——海富大街和各镇街迁来的黄圃渔村、小榄渔村等几个渔村组成。横门渔港与翠亨新区隔海相望，拥有独特的海港景色和优势的区位条件，但近年横门渔港逐步衰败，海富大街繁华不再，房屋大量空置，设计上我们设想通过调整横门渔港的渔业功能向配套翠亨新区的渔港风情消费港转变，统一盘活空置物业，改造升级为商业空间，通过文旅、消费场景的打造走产业振兴的路子。

桂南村位于五桂山山脚，由几个小村组成，因自然风光得名，近年其所辖的旗溪村渐渐吸引的一群新居民中，有年轻的创业者，有退休的工程师，有在珠海工作的设计师，他们倡导可持续发展的乡村，认同小而美的乡村是中山的理想村。新村民的加入也是慢慢改变着乡村的过程，通过社区营造，链接新老村民的感情，帮助老村民表达自己对乡村的意愿，自下而上地改变着乡村。在桂南村，我们的设计以基础设施的改善和公共服务配套为主，为新老村民服务。

经过3年的建设，雍陌村、安堂村已初见成效。乡村振兴的工作比较繁琐，每个小的项目涉及方方面面，避免不了的是不停的优化调整。这3年，我常常仿佛自己置身于菜市场的中央，满耳只听见周遭的你哭我笑，吵吵嚷嚷，时常觉得很累，想打退堂鼓，但看到乡村实实在在的、一点一滴的改变，就觉得这一切都值了。

乡村振兴不是甲方考乙方、上级考下级的考试，也不是立项、建设、验收的工程，乡村振兴是一个协作的过程，是各类咨询、设计、运营协助村委会的过程。

本书主要由我和刘斯捷、桂铭泽、吴舒瑞主笔，开始的时候，我们每天晚上以视频回忆分享会的形式，将这3年里每个村子、每一个项目的改造过程进行一次集体回忆和讨论分享。团队的成员畅谈过去，分享每个项目的台前幕后和得失感悟。对于我们而言，这一过程也是宝贵的回忆。当然也有很多遗憾，乡村的建设一直在持续，囿于篇幅有限，挂一漏万，无法详尽。

感谢叶红光常委、农办陈柳斌主任、历史文化名城中心周静主任等人的帮助，感谢上海同济城市规划设计研究院有限公司的支持，感谢张松教授、夏南凯教授、俞静博士的指导。此外，感谢一直为我们提供历史文化方面咨询服务的黄先生,感谢摄影师王雯雯、庄建龙、谭宇航、梁伟明、秦洗河等，感谢驻村设计师孟娇、丁思仪，感谢为中山乡村振兴付出辛劳的团队伙伴和支持我们的家人！

王　瑾

2022 年 12 月

目 录

第一章
中山历史村落

第一节　中山历史村落的魅力

中山，古称香山。《香山诗略》有载"吾邑三面环海，有波涛汹涌之观"，据宋朝《太平寰宇记》记载，东莞县香山在"县南隔海三百里，地多神仙花卉，故曰：香山"。《永乐大典》记载"香山为邑，海中一岛耳"。在沧海桑田的变化中，香山从"其地最狭，其民最贫"的海岛，逐渐演变为今日之中山。中山沧海桑田的变化离不开地理变迁和人文演变两大层面，二者构成了中山的自然基础和社会基础，而作为最重要的人居空间，乡村聚落演变是中山沧海桑田变化的外显形式。

香山岛与古村落

地理上，作为孤悬于珠江口外伶仃洋上的岛屿，古香山陆域范围大致包括今天五桂山山脉及其四周连带的少量丘陵、平原、滨海等地。在五桂山山麓中北部，今中山西区马山，南朗镇龙穴村、泮沙村，板芙镇白溪村，张家边宫花村、小隐村、沙边村，沙溪镇秀山村，大涌镇岚田村，这9处新石器时代文化遗址是香山历史的重要见证。秦汉时期海陆环境发生变动，珠江口的海岸线向海洋扩张，今双水、礼乐、斗门地带的大部分海滩相继成陆。隋唐时期，随着珠江三角洲泥沙淤积，西北江三角洲前沿已到达龙涌、桂洲、石楼、庙头一线，香山岛周边的沙堤、沙栏、沙坦开始形成。宋元时代，因西江改道，珠江口的淤积速度加快，形成"西海十八沙"，即今小榄、古镇等地一带。明代以后，随着沙田的开发，珠江三角洲滨海线继续向南推进，"西海十八沙"进一步扩展，从石岐至横门一带水域也逐渐淤积，又形成"东海十六沙"，即今黄圃、南头等地区一带。至此，西江下游冲决三角洲即东海十六沙和西海十八沙广大沙田地区得以形成，香山县西北部最终淤积成陆。

在沧海桑田变化过程中，从村落分布的地理特征来看，中山村落大致分为生活在五桂山上的客家村落，生活在五桂山周边的广府系、福佬系村落和生活在沙田区域的水乡村落。五桂山周边岐澳古道沿线村落的历史资源分布密集，毫无疑问是一个历史文化圈层，一个个历史村落如珍珠一般由岐澳古道串珠成链，成为镶嵌在五桂山中央生态公园山脚的"文化项链"，可谓香山古韵。以五桂山街道和三乡镇为例，就有名仕名村古鹤、阡陌桃源秘境西山、丰乐之境民俗前陇、南粤之窗古村雍陌、"中山小延安"星火大布、仙萝田园人文塘敢、革命老区红色南桥、绿谷客厅理想桂南。这些聚落经由岐澳古道串联，成为香山古韵村落聚群，其内岭南传统民居密布，庵、庙、宗祠、岭南大屋、古道、石板街体系完善，是岭南传统村落的活化石。

除文化外，村落与山水地理环境高度融合也为一大特色。市域北部的沙田区域呈现了典型的岭南水乡特征，村落与小榄水道、鸡鸦水道、洪奇沥水道等河网水系形成良好的共生关系，梳式布局的村落聚宅成巷，聚巷成街，院落间面面相对，巷道纵横交错，可谓岐水流芳。疍家曾为这一区域的典型聚落形式，柳宗元《岭南节度飨军堂记》"卉裳鬝衣，胡夷蜑蛮，睢盱就列者千人以上"中"蜑蛮"一词，便为今日"疍家"一词。疍家人以渔为业，浮沉江海，常年驾小船漂泊于大海之上，小船就像随时被海浪吞噬的蛋壳，而他们又常年与风浪搏击，他们顽强拼搏、乐观向上、不畏艰难的精神，铸就了疍家文化的核心精神力量，也是古香山文化的一大写照。

移民文化、咸淡水文化

中原人口南迁为中山注入多元化的特色文化，并由此而形成了中山三大民系和八大方言。第一次南迁是晋代永嘉之乱时期，各藩王为争夺中央政权，掀起了长达16年的"八王之乱"，中原士族也相随南逃，史称"永嘉之乱，衣冠南渡"。在广州出土的晋墓砖文"永嘉世，九州荒，余广州，平且康"可以佐证这些流徙至珠江流域的移民最终分散于广东各地。对于香山而言，在这次中原移民潮中吸纳了人口，形成了多处新的聚落。如今中山黄圃镇一村的先民就是东晋时期从今浙江、江西、南海和番禺迁来，今张家边的神涌村以及三乡镇的乌石村、白石村等村落，在南北朝乱世结束之后，有来自今陕西的移民迁入。第二次是北宋靖康之役后的宋室南渡，北宋末年金人南下攻克宋都城汴京，驱掳徽、钦二帝和宗室，北宋亡，史称"靖康之变"。宋高宗出海逃亡在临安（今杭州）建立南宋政权，江南地区也取代中原成为新的经济中心，大批中原汉族也随之向南方迁移，因人满而再迁岭南，香山地区迎来第二次移民浪潮。第三次是元末战乱之际，来自浙江和福建一带的移民形成了第三次人口迁移浪潮。据记载，平岚村林氏为躲避战乱迁往安南，成为香山最早一批迁居海外的华侨。同时还有来自省内地区的移民，如珠玑巷移民、邻县移民等。第四次则是随着明清时期农业大发展，更多邻邑居民来此定居。除了主要来自邻县和邻村的移民外，从紫金县和五华县而来的客家居民也迁徙到五桂山周围地区定居，香山民系初具雏形。

除了移民文化外，咸淡水文化也是滋养中山乡村发展的重要因素。珠江为淡水，南海是咸水，淡水代表中华传统文明，咸水代表蓝色海洋文明。咸水淡水在香山地区交流碰撞融合，形成了咸淡水文化。中山坚守和继承了咸淡水文化的传统元素而使其更为丰富多彩，甚至创造性地挖掘和发展了咸淡水人文而使其更加富有鲜活强大的生命力。明中叶澳门开埠后，香山县管辖下的澳门是广州的外港和全球海上贸易航线上的重要商港，随着世界海洋贸易体系与早期全球化的发展，香山成为中国通向海洋、走向世界的重要门户。中西交融带来的效应是人的思想觉醒。雍陌村的郑观应被称为"全面看世界第一人"。翠亨村的孙中山先生原在香港学医，并成为西医医师，目睹中华民族有被西方列强瓜分的危险，孙中山决定抛弃"医人生涯"，进行"医国事业"。在孙中山先生革命精神的感召下，翠亨村还涌现了陆皓东、杨鹤龄、孙眉、杨心如、杨殷、孙科等名人，大环村的"飞将军"张惠长，北

1-1　孙中山故居

台村的"中国革命空军之父"杨仙逸等都为革命事业付出了毕生心血，可以说中山的乡村见证了中国半部近现代史。

香山海防

　　中山因其重要的地理位置，自古以来都是广东海防中坚力量，居于海防中路最为险要之处的香山千户所具有"控制大洋，弹压澳夷，全粤门户"的重要战略地位。

　　基于复杂的地理条件，珠江口层层设防，海防体系共包括为三层。最外层是珠江口外的两翼，东侧有大鹏所与平海所，协同镇守大鹏湾与大亚湾海域，西侧有广海卫，控制珠江出海以西的川岛和镇海湾一带。最内层是广州府城，它是广府地区的政治和经济中心，因而也是海防最重要的目标。中间层是由新会千户所、香山千户所和东莞千户所构筑起来的中部防线，这条防线雄踞珠江口内外之间的交通要道，其内为广袤的乡野地区。据统计，历代海门多在香山，明代万历年间，现雍陌村设"雍陌营"，天启元年移至恭常都珠海前山村，名为"前山寨"，又称"香山寨"。以"前山寨"为主导、黄梁都和淇澳二司为两翼的南部巡防系统建设，进一步带动了香山城乡空间的南拓和伸展。依托村落，清政府设置了军事治安机构，"汛塘"是绿营兵分防驻扎的最小单位，沿岐澳古道一字排开。"营""寨""汛塘"的多元防御体系在历经百年的外海防御事业中作出了不可磨灭的贡献。

珠江纵队

在近代抗战历史上，中山的五桂山是珠江纵队的重要根据地。抗日战争到解放战争期间，五桂山一直作为中国共产党领导中山人民开展抗日战争及解放战争的指挥部。1943年9月底，党领导的南（海）番（禺）中（山）顺（德）游击区指挥部从番禺转移到五桂山区域，中山成为珠三角抗日斗争中心。1944年10月，中区纵队在五桂山南桥村古氏宗祠宣布成立，标志着珠江和粤中地区的抗日武装进入了一个新的阶段。在中区纵队分为珠江纵队与广东人民抗日解放军后，分流出来的珠江纵队也于1945年在中山宣布成立，司令部继续设在五桂山南桥村。中山的抗日游击队在珠江纵队指挥下，先后同日军进行了100多次战斗，展现了中山人民的顽强英勇。除南桥外，大布村有"中山小延安"美称，是五桂山抗日根据地的后勤基地，抗日游击队的伤兵医疗站、交通站、情报站、粮站等都设置在大布村村民的家中。五桂山周边历史村落以南桥为核心，相互支

1-2 珠江纵队司令部旧址古氏宗祠

撑成为中山宝贵的红色文化遗产，是中国共产党领导中山人民开展抗日战争、争取革命胜利的重要见证。

改革开放试验田

1984年1月，改革开放的"总设计师"邓小平同志亲临南方视察，登雍陌村罗三妹山时提出我国改革开放"不走回头路"的最强音，坚定不移地推进了改革开放的进程。改革开放时期，中山在体制改革、对外开放、招商引资等方面的探索和尝试都走在全国前列，村镇成为改革开放的前沿阵地及试验田，乡村经济蓬勃发展。丰厚的华侨资源和乡镇基层的积极态度使得中山成为广东省首批"三来一补"试点县之一，"三来一补"极大地推动了中山的经济发展，外资企业带来了宝贵的资金、技术和管理经验，培养了大量技术人才，也带动了国有集体经济的发展。这一期间，粤中船厂、中山糖厂等国内知名企业的快速发展，威力、晨星、爱多、小霸王、乐百氏等市属公有

1-3　中山温泉宾馆

企业也不断兴起，由10余家市属企业组成的"中山舰队"，创造了广东乃至全国工业发展史上的传奇。改革开放后10余年工业化发展使得中山成功跃居"广东四小虎"之列，成为"珠江模式"的主体之一。

这一阶段的中山乡村借助地缘优势、农村集体用地潜在的土地租金差、政府放权，实现了从农业经济向农村产业经济的重大转变。三乡镇雍陌村建成了第一个中外合作酒店——中山温泉宾馆、中国大陆第一个高尔夫球场——温泉高尔夫球场，开创了中外合作经营酒店的先河。在长江村南，与日本、中国香港商人合资建设的长江乐园于1983年7月正式建成开业，成为全国首个引进外资的大型综合游乐场，也是中国改革开放后建设的首个主题乐园，成为各省市的领导来广东参观学习改革开放成就的"第一站"。

中西合璧的乡村建筑宝库

中山传统建筑受岭南文化熏陶、自身环境变化和历史演变的深刻影响，形成了独有的地域特色。村落传统民居和祠堂作为地域建筑的主体，是最基本也是最具有文化延续性的建筑类型。作为宗族社会最小细胞，祠堂是村庄的精神堡垒，更是村落空间格局的统领。如安堂村的林氏宗祠、雍陌村的郑氏祠堂，现仍是村落内最重要的公共场所。除了祠堂外，岭南传统民居特色鲜明，部分村落的传统民居集中成片，如安堂村传统民居围绕村内长堤大街—双桂大街（又称石板街）—双桂下街形成主要环线，连片而建，整体保护的价值高。部分村落岭南民居的艺术价值高，如沙涌传统民居的石雕灰塑、木雕封檐板、精美壁画、灰塑线脚、窗楣、趟栊门、墀头等精美要素保护良好，形成独特的民居印象。

1840—1949年间，香山华侨已遍布世界各地，华侨数量庞大，影响深远。其侨居地主要分布于东南亚，澳大利亚，美国三藩市、夏威夷、檀香山。华侨对促进村落建筑多样化格局的形成起到了关键作用。外出务工者返乡带来的国外建筑风潮，使得大量村落出现了传统岭南风格与西洋南洋风格相互交融的侨乡建筑，形成了中西结合的建筑风格。中西合璧式建筑层数由

1-4　白石村碉楼

1-5　茶东陈氏大宗祠

1-6　翠亨村传统广府民居

传统的1层增加为2—3层。满洲窗、有色玻璃窗、阳台花式栏杆和装饰繁复的山花被频繁使用，比较典型的有南区的兰桂堂、沛勋堂等。

南洋风格建筑最典型的是骑楼，骑楼的女儿墙镂空较多，南洋地区的骑楼更为独特的是得益于其在女儿墙上开出一个或多个圆形或其他形状的洞口，不仅美观，更减少了台风对建筑的破坏。其中以遮阳为主要功能的外廊式建筑，随着英国殖民势力范围的不断扩大，经由南亚、东南亚、东北亚而至中国。这种欧陆建筑与东南亚气候地域特点结合的建筑形式十分受东南亚地区的欢迎，看似简单的回廊，是行人的"遮阳伞"，也是"避风港"，充分展现了南洋建筑的特色风格。

1-7　大岭村近代民居

1-8　大涌村骑楼

1-9　沙溪团益公会旧址

1-10　曹边学校内景

第二节　中山历史村落的保护

一份保护名单

我们团队与中山乡村的第一次结缘是在2017年。在中山市历史文化名城保护中心周静主任的带领下，我们第一次前往安堂。行走在双桂大街，设计师们被悠长的街巷、磨得透亮的石板和保存完好的祠堂深深吸引。两年后，上海同济城市规划设计研究院着手编制《中山市历史文化名城保护规划（2020—2035）》，在全域保护原则的指引下，我们开始深入村庄，提出保护中山的乡村就是保护中山文化的根脉。据当地历史资源爱好者分析，中山235个行政村内自然村多达900个，这些自然村的历史文化遗存都很丰富，且历史文化资源各具特色，有红色文化村、历史名人村、人民公社村、碉楼村、岭南民居村等。如何甄选重点村落成为一个难题，最终我们采用了几步走路径。第一步先是邀请对历史村落熟悉的中山本地专家、学者做提名推荐，发布了《中山市传统风貌建筑公众调查》和《中山历史文化特色村投票》，这一轮的征集在社会上起到了良好的效果。岐城活化社的社友、中山历史群内的群员都积极踊跃填写问卷，我们团队还收到远在国外的华侨发来的建议。第二步是将社会征集意见和卫星图肌理识别进行结合，我们锁定了300余处村落。同济城市规划设计研究院与中山市规划院组成了联合项目组，分组对每一条村落进行实地调研，得到了第一手的资料。第三步也是整个研究中最重要的一个环节，就是制定一份体现中山历史村落特点的保护名单。团队制定了历史村落评分体系，通过对每条村的各个分项进行打分，最终选出79个村落，分重点和一般两级保护，形成了中山市历史村落保护名录。

这一过程是艰辛、漫长、曲折且充实的。40℃高温下，十几人组成的小组挨个探寻古村，我们感叹于有"百碉侨村"之称的沙边村，1949年前村内共有碉楼99座（现仅存68座），平均每五六户就有一座碉楼的比例在广东地区是罕见的。我们也被中国近代最早具有完整维新思想的理论家郑观应故里雍陌村，拥有红蓝碉楼的大环村，近代航空事业前驱杨仙逸故里北台村，珠江纵队司令部旧址所在地石莹桥村所深深吸引。在这一过程中，我们意外发现每一位村民都是乡村文化保护的践行者。前陇村张华森是非遗传承人，在前陇开展名城工作坊时，他亲自做濑粉，让大家体验三乡美食，带历史文化爱好者参观前陇，了解前陇历史。期间，上海同济城市规划设计研究院共举办了5期中山历史文化名城工作坊，以座谈研讨、行走古村、城乡文化遗产展览和茶话会的方式，汲取了社会各界历史文化爱好人士的建议和智慧。

历史村落基础保护档案

由于历史村落数量大，短时间内也难以实现保护规划全覆盖，立足当下，急需一套管控方法来实现村落历史要素的保护和引导村民自建房建设。基于此，"一村一则"的基础保护档案应运而生。

1-11　中山历史文化名城工作坊第1期

1-12　公众参与座谈

1-13　城乡文化遗产展

结合中山的乡村相互连绵、历史村落边界模糊、旧堡和新村空间肌理高度交织的特征，保护档案以旧堡为重点，明晰保护核心内容和管控要求。这份档案详细说明了历史村落的位置、历史文化概要、保护要素（包括山水格局、庙宇、祠堂、闸门、牌坊、碉楼、名人故居等）及保护管理规定，划分一般要求和负面清单。最重要的7条要求包括：① 历史村落应编制历史村落保护发展规划，划定历史村落保护范围。② 应将历史村落的保护纳入乡村振兴项目库。③ 优先修缮文物、历史建筑、名人故居、革命遗迹及庙宇祠堂等。④ 优先整治村内古道、石板街、榕树广场等公共空间。⑤ 优先对危房进行解危加固。⑥ 优先开展历史村落的历史文化遗产展示利用工作。⑦ 对农房翻建进行引导，逐步整治人居环境。

表1 历史村落保护要素一览表

类　型	内　容	类　型	内　容
山水格局及自然环境要素	保护村落北侧湿地、保护前洋河等水系	民国公共设施	——
庙宇、寺庵	圣堂祖庙、南阳祖庙、隆胜庵、宝聚庵	石板街、古道	雍陌上街
祠堂	鉴泉郑公祠、西栅郑公祠、东轩郑公祠、纯一郑公祠、鼓冈郑公祠、云庄郑公祠、侣樵黄公祠、鹤州黄公祠	古树	木棉树、榕树
护村墙、闸门、牌坊等	码头2处、牌坊1座	古桥、水闸、码头	——
碉楼	——	传统文化及民俗	——
名人故居	郑观应故居	传统街巷	——
不可移动文物及历史建筑	不可移动文物7处，历史建筑2处	典型传统风貌建筑	推荐

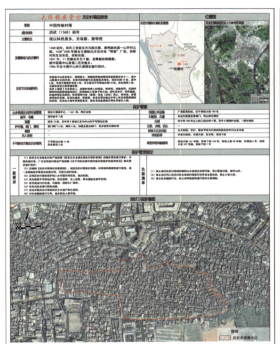

1-14　一村一则示例

"一村一则"保护档案明确划定了"历史文化资源较为集中的区域"，该范围是后续开展保护规划编制，划定历史村落保护范围时需重点勘查的区域。同时，也列举传统风貌建筑推荐为历史建筑的名单，应保尽保。

多部门联合，推动历史村落的保护

为使得传统村落受到更广泛关注，响应《广东省住房和城乡建设厅关于进一步加强传统村落保护工作的通知》（粤建村函〔2021〕455号）文件精神，我们积极联动中山各部门开展传统村落认定工作。结合市住建局在编的《中山市传统村落评价认定评分细则》，将评分较高的优选名单先行推荐。目前已有13个村申报中山市传统村落，雍陌村、华照村、青岗村、大环村积极申请第六批中国传统村落。值得欣慰的是，2022年10月26日住房和城乡建设部官网发布消息，对拟列入第六批中国传统村落名录的1352个村落进行公示，雍陌村赫然在列。

除此之外，考虑到城市更新对历史村落可能造成的不可逆破坏，我们积极呼吁更新规划与报规划同步编制，正在申报的城市更新项目均需编制《历史文化保护专题评估》。经过多次研究论证，中山市城市更新局历史文化名城保护中心于2022年2月出台了《中山市城市更新 历史文化保护专题评估编制工作指引（暂行）》明确："城市更新项目涉及历史城区、历史文化街区、历史风貌区、历史文化名镇名村、传统村落和历史村落，应编制历史文化保护专题评估。"

第三节　中山历史村落的振兴

中山市行政村/涉农社区合计222个，具有"保护身份"的村落8个（中国历史文化名村、中国传统村落、广东省传统村落），大量历史文化遗产集聚的村落未纳入保护框架内，在"三旧"改造浪潮下存在被改造风险。除村落内文物保护单位和历史建筑外，大量精美连片的建筑因产权不明、居民改造意愿不强、政府管制力度有限未纳入文保体系。部分侨房无主，年久失修，受台风、榕树等自然因素影响正在快速破败。从空间上看，田、塘、林等村落文化景观往往被建设空间占用，乡野景观碎片化程度普遍较高，乡野景观的消失是中山"乡村性"消失的重要体现。

2018年，中山市委市政府出台《中山市关于推进乡村振兴战略的实施方案》，推动建设特色精品示范村和美丽宜居示范村，采用市领导挂点和乡村规划师负责两大制度，充分研判村落历史文化、生态保护、发展路径等内容，启动村庄规划方案和项目库编制，项目库是指导示范工程实施的直接依据。示范村建设在建筑修缮、街景提升、公共空间提质等方面对历史村落振兴起到较好作用，如雍陌村、安堂村、大环村的品质都得到了显著提升。

历史村落的振兴手段

乡村的发展需要将文化当作战略性资源，纳入整体体系中。只有把遗产作为地方可持续发展的资源，它的价值才能被真正释放。以岐澳古道周边村落为例，则是从区域维度入手构建村落振兴的顶层框架，包括村落间构建古道服务中心和驿站体系，强化古道活化展示利用。形成村落文化共荣的路径，如五桂山街道的南桥村和三乡镇的大布村均为红色文化特色，通过红色文化路线、文化资源点的串联联动打造。村落内，推动乡村自发保护，除文物保护单位和历史建筑外，结合具体的实施项目对村级传统建筑进行保护与修缮。村内明确村落历史风貌保护区划线，村落建设控制地带线，明确保护要素、保护管理规定等内容，明确正面引导要求和负面清单。优先开展历史村落的历史文化遗产展示利用，整治村内古道、石板街、榕树头广场，对危房进行解危加固，对农房翻建进行引导，逐步整治人居环境。禁止破坏与历史村落相依赖的山水格局及自然环境；禁止覆盖河涌、破坏山体；禁止对已列入历史村落名单的村镇进行迁并或全面改造；禁止大拆大建，私自翻建行为和对传统建筑进行瓷砖立面铺贴。

由于多年来的乡村工业发展，除历史文化资源密集外，村落还呈现了几个典型空间特征。村落建设用地蔓延拓展，见缝插针，村、镇、厂间的生态廊道、田园基底预留和管控不足；由于潜在的租金差，村居空间正处于被蚕食的状态；村庄内存在大量"插花式"国有证的自住地、工业地等。

乡村地区城市设计手段运用是城乡高度交融地区乡村管控的重要手段，重点包括几大内容，一是村落示范区的提质升级。对示范区范围内的格局、街巷尺度、风貌、空间要素等必须提出严格管控要求。二是针对村居单元间，尤其是镇街、村村交界地带生态廊道的预留，重点考虑生态田园廊道、视线通廊控制，实现山、水、城、村、田的组团化布局。三是村级产业园空间的管控。以岐澳古道三乡五桂山段村落为例，村级工业用地占建设用地比例高达21.4%，每个村都拥有产业园区，如古鹤的家具产业园和中医药产业园，这类空间难以通过乡村规划手段实现有序管控，需探索"乡村产业单元"导则作为管控手段，导则重要要素包括：产业单元空间形象，产业单元与村落的空间格局关系，产业单元风貌指引，产业单元开发强度、高度、道路开口等控制内容。

若把乡村中的各功能板块看作细胞单元，城市设计是在空间上缝合"村居细胞""产业细胞""城镇细胞"的有效手段，从城乡一体的角度入手解决城乡空间问题。

以农房管控和风貌提升为突破点，上海同济城市规划设计研究院多次参与中山市委农业办公室举行的"历史文化村落农房管控和风貌提升工作会"，并作为"联盟盟主单位"建言献策，推动了《中山市历史文化村落农房管控和风貌提升工作指导意见》的制定，该文件明确提出：组织开展文化遗产全面摸底，优先修缮文物、历史建筑、有历史价值而未列入保护名录的古建筑，整治文物、历史建筑周边环境，避免大拆大建，保护乡村记忆，利用现有建筑增加相关历史文化的研究、展示等功能。结合农房管控要求，在《中山市市领导挂点特色精品示范村工作方案》中将雍陌村、大环村等24个历史村落列入了中山市历史文化村落农房管控和风貌提升实施范围村（居）名单。

在实施路径上，构建分级分类的农房管控的导则，包括核心管控区域和一般性区域两大类。将公共空间周边和传统风貌集中区域划定为核心管控区，核心管控区域周边明确建设控制地带范围。以雍陌村为例，核心管控区严控风貌，形成传统岭南风格、中西结合风格和以时代风尚风格为主，局部采用现代风格为补充的形式。管控高度，核心区三层半总高10米，建设控制地带总高12米。统一色调，建筑以中性柔色调为主，材质尽量采用本地青砖、涂料、水刷石等，辅助材料采用传统装饰元素。统一元素，体现村落文化特征，鼓励采用引导样式中的门窗、屋檐、墀头、栏杆、围墙等样式，保证建筑的整体协调性。考虑居民自建房的情况，可在推荐样式基础上选用其他与整体风貌协调的样式，但不宜在色调或样式上偏离过多（如彩色玻璃、江南元素等）。

一般性区域实现农房整治三步走，治乱先行—示范引领—要素提亮。治乱先行包括围墙、院门、搭建、空调外机、落水管、防盗门窗等。示范引领则是在充分征求民意的基础上，选取示范建筑进行立面改造，产生示范效应。要素提亮为规范老建筑修复工艺流程、施工方法，面向施工方形成实用型修缮导则。提供墙面修复的工具箱包括水洗石墙面、青砖墙面、涂料墙面、石灰砂浆墙面，进行风化墙体、瓷砖墙面的修复。老建筑修缮工具箱包括老建筑修补屋顶、修复灰塑彩画、修复青砖墙面、解危加固等工艺流程、施工方法。

通过乡规民约推动村容村貌的持续改善，积极引导将历史村落保护振兴写入村规民约，通过村组干部、党员、热心村民自发加强对历史保护的自我监督、自我管理，切实强化对村落内池塘、榕树、街巷、宗祠、广场等带有历史记忆空间的保护工作。

把握好乡村发展规律，发挥宗族社会共同体的优势。乡村历来是一个熟人社会，鼓励文化的多元性，既要发挥乡贤、宗族话事人的带头作用，又要积极探索乡村的自治、法治、德治，实现"乡贤、原村民、新村民"共建、共享、共赢。加强村庄建设与发展、文化保护保育的参与度，确保村庄的规划设计、项目库的设计、村规民约制定、农宅翻建得到村民认可。

加强协调运作机制，推动乡村振兴工匠库、乡村规划师制度等的形成。工匠库遴选机制有效从实施端入手控制村落风貌。通过设计师下乡制度，鼓励每个乡村配备一名责任设计师，参与前期方案—实施方案—项目施工—项目验收全过程。

探索乡村振兴资金保障机制和监督检举机制。加大政府对乡村振兴的财政投入力度，建立中山乡村振兴专项基金，对乡村重点项目考虑减免税费等政策。建立差异化考核制度，传统村落、历史村落实行财政转移支付制度。鼓励多方筹措模式，利用好地方财政拨款、集体单位和社会赞助、专项债等方式，提供资金保障。加强美丽乡村宣传力度，增强全社会对乡村保护利用的意识，鼓励村民通过"议事厅"等载体开展监督，建立完善的村级监督委员会制度。

历史村落振兴实践

近年来，中山市的乡村振兴初见成效，制度不断完善、理念不断提升、力量不断壮大，优秀的案例也不断扩充，保护乡村振兴的工作经验不断丰富。

经过两年的建设，南朗街道左步村被评为3A景区，修复了孙中山的祖祠，展示了著名影星阮玲玉、漫画家方成的成就，修缮了革命家欧初的故居，建设了左步村名人史迹径，左步村的大片稻田成为中山市民周末休闲的好去处，该村成功举办了四届广东中山南朗稻田音乐节。南朗街道的榄边村修复了清代的公园——茶东公园，建设了游客服务中心，修缮了全国重点文物保护单位陈氏宗祠。南区街道曹边村更新了基础设施，美化了村落环境，已经吸引了众多文化创作者入驻。东凤镇穗成村建成了中山市红色文化的代表村落。现在历史村落正逐步成为中山对外的一张名片，也是市民休闲的好去处，文化活动的新阵地。

村民们逐渐意识到自然环境和文化遗产的可贵，历史村落的保护也越来越得到大家的理解和支持。

1-15　左步村

1-16　曹边村

1-17 茶东村

第二章
"不走回头路"雍陌村

第一节　为什么是雍陌

　　雍陌，自古即为古香山重要区域，是沟通广、澳的水路、陆路重要枢纽地，是岐澳古道的重要节点。古代金斗湾尚未沉积形成，雍陌村出海近，是交通中心、行政机构据点和军事要地。明代曾在雍陌设置管理澳门的官署、广东海道副使下辖机构海防同知，主管澳门番舶征税的广东舶司下属机构抽盘科、雍陌营、参将府与参将衙门等重要机构，现村西仍有地名"营房"，便是当年驻兵旧址。

　　雍陌是我国近代著名维新思想家、实业家郑观应的故里，也是邓小平视察南方"不走回头路"的提出地，拥有中国大陆第一家中外合资旅游宾馆——中山温泉宾馆、第一个高尔夫球场，是中国大陆对外旅游最早开放的一批村落，是国际巨星迈克尔·杰克逊到访中国的地方，可以说是中山市名人文化集聚地和见证中山改革开放的代表性村落。雍陌也是崇文重教的名人之乡，村内名人包括中国画坛一代宗师——郑锦，中国著名外交家郑天赐，中国革命新闻事业的开创人、天安门毛泽东画像拍摄者——郑景康，著名法语翻译家郑克鲁等重要人物。

　　2020年雍陌村被列入中山市特色精品村名单，由中山市市委书记挂点，主管农业农村的副市长督办，预计用3—5年时间将雍陌打造为中山市历史村落保护和乡村振兴的代表。

　　在这样的背景下，受中山市市委农办的邀请，上海同济城市规划设计研究院参与特色精品村雍陌的规划设计工作。初入雍陌，我们发现村落面积较大，建筑新老杂糅，近代建筑、20世纪80至90年代建筑和2000年至今的建筑约各占三分之一。总体上看，并没有体现出"古村落"的韵味，村内正在加速的新农房建设运动使三分均等的平衡也慢慢倾斜。村内最有名的是两条大街，雍陌上街和雍陌下街，这两条东西大街横贯村落，成为村内的公共空间联系纽带。雍陌上街古时也称岐澳古道，串联着东西码头、两座庙宇、雍陌郑公祠和各房的祠堂，每个祠堂门前大多都有小的活动场地。雍陌下街串联市场、学校、村委会等。近年来的快速发展也导致雍陌村正逐步被城市包围，村北侧与罗三妹山之间的农田和湿地上一些新楼逐步建成，挤在雍陌村的罗三妹山背景布上，显得有一丝格格不入。

为避免就改造论改造，团队提出宏观上要从区域层面来论证雍陌的发展路径，长远考虑，统一规划。中观要着重明确改哪里，既要避免面面俱到，又不能零打碎敲。微观方面的重点是怎么改，改造时序和节奏如何把控，最终明确了小规模渐进式地逐步实施，在长远考虑的框架下，短期出效果给村民以信心。

结合中山市正在谋划的香山南部新城建设和中山温泉扩建，雍陌村提出要打造"古村落保护与乡村振兴结合的湾区样板，以郑观应故里、岐澳古道为文化品牌的华南第一村"的愿景。一方面，充分发挥郑观应故里和岐澳古道的名片作用，做强做大名人名村效应。另一方面实现"山水林田村"的多元共生，保护村北罗三妹山，整治村-山之间的湿地，形成过渡地带，将村落作为中山温泉旅游的度假大本营，构建"温泉+古村"品牌。整体保护村落的历史性景观，控制雍陌村周边的开发建设，避免"城市围村"。

经协调，村内增加了环村路，取消控制性详细规划中纵贯乡村规划路。链接融合，西码头工厂外迁，新增停车场和游客服务中心，并在西码头提供接驳雍陌村和中山温泉的电瓶车，将西码头作为与中山温泉连接的重要节点。再通过南北向的街巷打通，向北一路链接至罗三妹山公园。古道新颜，保护两街一河两码头多祠堂的格局，提升公共空间品质。重点突出雍陌的名人文化、古道文化和宗族文化，重点打造郑观应故居、雍陌郑公祠周边及雍陌上街（岐澳古道）。

2-1　雍陌牌坊

2-2 雍陌保护更新规划效果图

先祖香山四贤之一郑秉常

"源出于莆，流分于粤，龙剑莆珠两处合。前彰其美，后盛其传，香山兰水一般清"。雍陌古称洪化村，北宋时已立村，元中期郑氏族人开始迁入，至明朝第九传孙郑秉常，字子纲（号雍陌）为人孝悌行善，被称为香山四贤之一。后人感其贤，改名洪化村为雍陌村。郑秉常生五子，有五美公之称，族人以五美公之号分为五房：长房西栅、二房潜奄、三房鼓冈、四房渭溪、五房东轩。村内分建五座祠堂，其中三房鼓冈郑公祠可能为明末清初所建，是中山较为古老的祠堂。族人围绕各房祠堂居住，现今依然保留着二房巷等地名。明代后雍陌逐渐发展成为以黄、郑两族为主的聚落，康熙十二年（1673年），雍陌因人口集中而设圩市，雍陌圩的热闹繁华历时近300年。

2-3 雍陌祠堂

郑雍陌

郑雍陌公祠又称雍陌祖祠，老房祠。是雍陌村郑氏族人为纪念九世祖郑雍陌而建的大型宗族祠堂。祠分为上中下三座，八住回廊。1958年，该祠被拆卸，祠地分给村民建房。仅留前座门座三分之一。

"五美公"

长子 西栅郑善甫	二子 潴庵郑善宏	三子 鼓冈郑善参	四子 渭溪郑善端	五子 东轩郑善全

西栅郑公祠

西栅祠是郑氏族人为纪念十世祖郑西栅而建的宗祠。祠分为上下座，新中国成立后一度改为他用，累遭蚊患。2009年，村委会斥资重新修复上盖，供村民集散地之用。

潴庵郑公祠

潴庵公祠是郑氏族人为纪念十世祖郑潴庵而建的宗祠，又称二房祠。新中国成立后一度改为他用，用作生产队社址、粮仓、粮站，累遭蚊患。2013年，潴庵公后裔子孙集资巨款重新修复。

鼓冈郑公祠

鼓冈祠是郑氏族人为纪念十世祖郑鼓冈而建的大型宗祠。祠分上中下三座，八住回廊。新中国成立后作为公物，前座被拆除。

渭溪郑公祠已拆

东轩郑公祠

东轩郑公祠又名五房祠，是郑氏族人为纪念十世祖郑东轩而建的大型宗祠。祠分为上中下三座及厢房，地处全村中心位置，一度为本村政治、经济、文化中心。除厢房被村民利用外，祠堂保全完好。

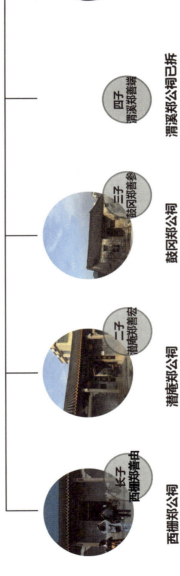

2-4 雍陌 "五美公"

雍陌与铁城

雍陌曾因与石岐争香山县城驻地而闻名，南宋绍兴二十二年（1152年），朝廷诏准香山设县。立县后的第一件大事，就是为这昔日以渔盐业为生的岛屿，建造一座县城。县城的城址选在哪儿最好？当然是经济比较发达，居民相对集中，具有一定规模，而且发展潜力较佳的地点。当时乡绅争论得非常激烈。有人主张在石岐（当时文顺乡）建城，有人主张在库充和雍陌建城，众议纷纷，一时不能解决。各方最后协商采取称土作比较的办法，即在体积相同的一堆土中，以泥土重的为贵，取"贵地以建城"之意。各地取土时，陈天觉暗将少许铁沙混入了石岐的泥土中，结果称起土来，石岐的泥土最重，最后大家同意把城址定在石岐了，所以后人称石岐为"铁城"。即便如此，也能反映出雍陌当年的地位和繁华。

"不走回头路"

1978年党的十一届三中全会做出了实行改革开放的决策后，雍陌村引进港资、台资企业40余家，也是响应"三来一补"（来料加工、来件装配、来样加工和补偿贸易）号召，大力发展村集体工业的代表。港澳知名人士霍英东、何鸿燊等人于1979年在雍陌开始投资兴建中山温泉宾馆，岭南派建筑大师莫伯治设计，邓小平亲笔题名，于1980年12月28日建成开业。中山温泉也被誉为改革开放的"活化石"。同期，郑裕彤先生投资的中国大陆第一个高尔夫球场落子雍陌罗三妹山，中山温泉高尔夫球会成为中国第一家温泉高尔夫球会，培育了众多的中国职业高尔夫球人才。1984年中山高尔夫球会开幕，这一年也被认为是新中国高尔夫运动的"元年"。

1984年1月26日邓小平视察深圳特区之后，他慎重地表示暂时不发表意见。转到珠海参观几个工厂后，邓小平当晚入住中山温泉宾馆，并于1月28日登罗三妹山，俯瞰中山、珠海的变化。下山时警卫建议原路返回，他斩钉截铁地说："我从来不走回头路。"李岚清在《突围》一书中描述了那几天的场景：就在这天晚上，邓小平会见港澳知名人士霍英东、马万祺时说：

2-5　罗三妹山公园

"办特区是我倡议的，看来路子走对了。"1月29日中午邓小平为珠海特区题词——珠海经济特区好。当时深圳特区同志得知邓小平为珠海特区题了词，派专员赶到广州请邓小平为深圳特区题词，邓小平挥毫写下："深圳的发展和经验证明，我们建立经济特区的政策是正确的。"并把落款的时间写为"1984年1月26日"。

就这样，邓小平攀登罗三妹山时意喻深远道出的"不走回头路"这句话从中山传出，传遍全国，传至全世界，成为中国坚定改革开放的最强音。

出洋潮

雍陌是典型的侨乡，明末清初雍陌村民开始出洋谋生，经历了四次主要的出洋潮，分别为1845年、19世纪50年代、1946—1949年底和1984年后。华侨富裕后便回国办理亲属移民，逐渐形成了海外庞大的华侨群体。侨汇归村促进村内建起一座座"华侨房（西装屋）"，20世纪80年代曾有几间民居的修建费用甚至达到了4万—5万美金，这在当时引领了村内建筑改造的风

2-6 传统民居

2-7　西装楼

2-8　80年代的民居

2-9　2000年左右的民居

尚。国外建筑理念的传入促使了石米房、小马赛克外墙的现代住宅的出现，天台和阳台也流行了起来。就这样，"华侨房"和传统广府民居、民国建筑相互交织，形成了雍陌独特的风景线，是雍陌对外开放的真实写照。

第二节　郑观应故居

倚鹤山人郑观应

郑观应是中国现代化运动思想的代表和先驱，中国"全面看世界的第一人"，被称为近代最早具有完整维新思想体系的理论家。作为近代著名的实业家，郑观应和唐廷枢、徐润、席正甫并称为晚清"四大买办"。

清道光二十二年（1842年）郑观应出生在雍陌的书香世家。17岁时，香山县童子试未中后，郑观应即奉父命到上海学习经商，随后与唐廷枢一起投资华洋合营的公正轮船公司（主要航行于长江）。郑观应相继转任和生祥茶栈的通事、扬州宝记盐务总理等职务，成为一位见多识广、经验丰富的企业经营家。同治十二年（1873年），郑观应参与创办太古轮船公司，次年受聘为总理之职并兼营账房、栈房等事。而后为挽回招商局颓势，应李鸿章邀请，郑观应加入招商局积极发展民族工商业，拟定"救弊大纲"十六条，与怡和、太古公司交涉，规定三公司"所得水脚银两，以船之吨位多少、里数迟速统算均分，同心协力，不得有跌价争揽情事"，自此招商局盈利大增。他这种做法维护了国家利益，使航运权不受外国人的控制。招商局辞职后，郑观应相继入职上海电报局总办，赴粤参加抗法斗争，参与粤汉铁路兴建的工程事务。清宣统元年（1909年），为反对北洋政府把招商局收归国有的企图，受盛宣怀邀请，郑观应再次入招商局任第一任董事。

2-10　近代启蒙思想家郑观应

纵观郑观应的一生，在经济方面，他全心全意带领国家工商业与外国人进行商战。用郑观应自己的话说："初则学商战于外人，继则与外人商战。"他大声疾呼"欲攘外，亟须自强；欲自强，必先致富；欲致富，必首在振工商；欲振工商，必先讲求学校、速立宪法、尊重道德、改良政治"。文学方面，光绪六年（1880年）郑观应编定刊行反映他改良主义思想的《易言》一书。1892年写成《盛世危言自序》，郑藻如撰序，之后编成《盛世危言统编》。光绪皇帝对该书颇为重视，把"御览版"交予总理衙门印刷出版2 000册，六品以上官员需人手一册。一时之间纸张紧张，出现了"洛阳纸贵"的现象。清朝洋务干将张之洞读了《盛世危言》后评点道："论时务之书虽多，究不及此书之统筹全局择精语详。"中日甲午战争后，郑观应"故复将未尽之言，奋笔书之"，新作汇编成《盛世危言补编》。《盛世危言》贯穿着"富强救国"的主题，对政治、经济、军事、外交、文化诸方面的改革提出切实可行的方案。他呼吁国人主动跟上世界现代化潮流，呼唤社会的总体变革，唤醒了一个时代，直接影响了孙中山、毛泽东，以及康有为和梁启超等一大批振兴中华的民族精英。斯诺笔录的《毛泽东自传》中提到，《盛世危言》曾经是早年毛泽东"很喜欢的书"。晚年，郑观应在上海办教育。民国十一年（1922年）五月，郑观应病逝于上海提篮桥招商公学宿舍。

故居与教育渊源

清光绪二十九年（1903年），郑观应兄弟为纪念父亲郑文瑞（名号秀峰）去世10周年，在雍陌村兴建"秀峰家塾"。书塾位于雍陌村中部，坐北朝南，为硬山式砖木结构，前后两进，中间天井加盖改为住房，面积约204.5平方米。门额镶嵌一块长2.35米、宽0.65米的石匾，楷书阴刻："秀峰家塾"四字，落款："光绪二十九年孟春立"。有灰雕、墙画。屋内保存有木雕镂空神楼、神台，并雕有人物、花鸟、狮子等，具有中山清代的雕刻艺术特色。书塾主要教授郑观应本族子弟学习国文、算术和珠算。郑观应去世之后，家塾渐无人打理，1940年后停办家塾教学。

2-11 郑观应故居

书塾停办后被改为郑观应故居，屋内还存有："奉旨出使暹罗查办事件""钦命广西分巡左江兵备道"两块木匾（已破损）。受郑观应和"秀峰家塾"影响，雍陌村重视教书育人，一度有5所宗祠作为教学所用。清末科举制废除，雍陌学校建设兴起，民国期间，村东部东山学校搬迁至"秀峰家塾"南侧积厚堂。随着学校的扩建，积厚堂被拆除，新建为三进的院落式现代建筑。直至20世纪80年代，扩建后的校舍不再适应学校发展的需要，学校搬回村东新建，原雍陌幼儿园自此空置。

偫鹤园设计

郑观应故居周边的改造为雍陌村的重中之重，因郑观应晚年自号罗浮偫鹤山人，故居周边被命名为偫鹤园。偫鹤冠现为停车场，再往南是雍陌幼儿园。在我们团队进场之前已有设计院开展了偫鹤园周边的改造，采用商业街区的设计手法，开挖地下停车场。大尺度中轴广场构建了片区格局，树阵、二层连廊、郑观应雕像成为典型的空间意向。从方案的效果来看，存在一定的尺度失真，对原有物质空间遗存利用不够。

基于前序设计，团队认为空置幼儿园如何处置是偫鹤园设计的关键，雍陌村委会的何加亮书记对我们说："我小时候就是在这里上的幼儿园，村里大部分人都在这里上过学，当年这里还是很热闹的。"跟着何加亮，我们对幼儿园进行了详细摸查，这是一栋典型的80年代现代风格建筑，一条长廊连通三排教学建筑。在20世纪70至80年代，这样的布局是时尚前卫的，整个学校看起来非常典雅，小马赛克墙辅以木质窗，仿佛能透过窗看到当年学生上课时候的样子。经中庭边上楼梯可以直达天台，虽然简陋，但是可直望郑观应故居和罗三妹山，这是俯瞰村落的观景点。

从建筑的历史沉积保护来看，幼儿园承载了村民们的记忆，保留应该是一个大前提。围绕"如何保护利用好幼儿园，打通从幼儿园通往郑观应故居的游线通道""幼儿园以后的功能布局"等问题，团队展开了广泛讨论和多轮方案设计。最终决定将幼儿园改造成郑观应的名人展示馆，把郑观应展览、郑观应协会的办公，全部容纳到这个现代的建筑里并和北部故居联动起

2-12　郑观应故居门前的停车场

2-13　雍陌幼儿园

2-14 侍鹤园改造前航拍图

2-15 侍鹤园原方案

2-16 侍鹤园第一轮设计方案

来。为实现幼儿园与故居的联动，设计以"一层全开放，打造展览展示空间"这一思路来构建入口-学校-故居的空间秩序，从入口进来形成一个递进式的公共场所。这一轮的建筑设计方案，我们邀请了RIBA英国皇家特许注册建筑师吴子夜来进行设计。

园林式方案

可惜的是，这个思路并没有完全得到市政府和三乡镇的支持，市/镇领导认为要打造入村的形象，需有一处开阔空间，那幼儿园就非拆不可了。在我们的一再坚持下，明确了只拆沿路第一进的思路，最终拆除第一进的方案上了市委书记会。会后市领导也多次和团队沟通，觉得这块地太重要了，作为中山的名片一定要谋定后动，综合考虑下还是希望拆除幼儿园。

如果全拆，这里用来做什么是一个难题，村入口广场？文化街区？景观公园？经多番讨论后，团队提出考虑到郑观应是清末名人，是否可以做一个类似岭南园林的景观。这个想法上报后，领导们比较认可，觉得园林的气质符合在地性，决定建造一个纯粹的岭南园林。但实际上，我们内心是想借鉴

2-17 侍鹤园第二轮设计方案（岭南园林方案）

2-18　侍鹤园第二轮设计方案（现代公园方案）

岭南园林元素去营造一处入口景观，而非建造古典园林。历史上这里没有园林，造假古董没有意义，也站不住脚。于是我们做了两个方案。一个方案是岭南园林，另一个方案是一个蕴含岭南元素的公园。岭南园林方案如作诗文，中西结合，前后呼应，小中见大，曲折有法，直曲相宜。园林东侧设计一条曲折步廊，形成主要的通道空间，园林西侧理水、堆石、筑景，力求形成曲径通幽、虚实相间的空间效果。在这基础上，团队画了手绘图，一边画草图，一边解说录视频发给市领导。岭南园林效果图和蕴含岭南元素的公园效果图两个方案递交后，市领导倾向岭南园林方案，并把岭南园林方案也转发给华南理工大学郭谦教授，在得到了专家认可后，市/镇领导才下定决心要按照园林方案做施工图，尽快建成。

团队的"自我革命"

出于对郑观应的敬畏，考虑到岭南园林的复杂性，我们向市里主动提出要呈现精品中的精品，需邀请园林专家来参与郑观应故居前空间的修缮。在这样的背景下，陈坚老师受邀开展对侍鹤园的方案进行深化设计研究，把每

2-19　晓溪郑公祠老照片

处节点的内涵和设计逻辑都进行了详细研究，方案中还提出了"雨打芭蕉"等概念，因没有得到市里明确指令，这一方案就搁置了下来。

直到有一天，村书记郑志辉找到了一张幼儿园老照片。我们惊喜地发现，在建幼儿园之前，这里居然是个祠堂——晓溪郑公祠。于是复建晓溪郑公祠的想法萌生了，驻场同事去做了访谈，获知晓溪郑公祠确实是村里最大的祠堂。大部分年长的老人幼时都是在祠堂上学，祠堂拆除改建后的幼儿园又承载了70后、80后的记忆。于是团队提出要把这几个时代的历史记忆都留在场地上，对第一进晓溪郑公祠复原，第二进幼儿园半拆半改，以"琥珀"为理念，完整呈现不同历史时期的记忆。我们也第一时间向市领导作了报告，强调可以把这几代人的印记全部留在这里，而且恃鹤园设计的初衷应该是保留郑观应小时候生活着的由鱼塘、祠堂、果林围绕的场景，而不是刻画一处人工痕迹很重的新建纪念馆或重建俊秀精致的园林，因为每个年代的记忆都值得被留存，村落前进的齿轮应该留下印记。在得到市领导肯定后，我们便做了一个复建晓溪郑公祠的方案。陈坚老师也非常激动，方案复建了照片上祠堂的第一进，第二进把幼儿园拆了只剩一半，第三进保留了幼儿园

2-20　偹鹤园第三轮设计方案（岭南园林方案）

的一面墙，上面写"为中华之崛起而读书"，虽然这不是幼儿园原有的标语，但还是希望通过这种方式把幼儿园的记忆强化。这个方案非常立体，每一处空间都有故事可承载。一次次"自我革命"，反复的自我否定和肯定，最终守得云开，打磨出尊重历史的方案。

偹鹤园周边建筑改造

为构建偹鹤园片区整体风貌框架，团队开启了偹鹤园周边建筑立面整治工程。除郑观应故居周边民居风貌保存较为完好外，大部分传统风貌建筑已被改建为三层瓷片房，整体风貌杂乱，色彩亮丽饱和度高，建筑体量较大。与它们相比，低调的郑观应故居就显得更为"低调"了。为实现风貌整体协调，设计延续老房子"修旧如旧"改造策略的同时，更聚焦不协调风貌建筑的整治，力图从立面色彩、立面材质、建筑形式、门窗构件等入手进行改造。

初步设计方案完成后我们开始征集村民意见，仍有几栋关键位置的屋主不同意改造外立面，为使改造效果最优化，驻村规划师多次与屋主交流。西上二巷二十八号是一栋传统岭南建筑，精美的檐下灰塑、窗楣灰塑保存完好，然而房屋外部被铁皮棚板、防雨布遮盖，院中铁皮棚私搭乱建情况严重，影响了建筑风貌。为了说服屋主拆除搭建的铁皮棚，规划师和屋主进行了深入交谈。原来屋主家族一直从事醒狮行业，铁皮棚的主要功能是放置醒狮的服装和工具，待时机成熟时老伯想开一处醒狮馆，完成"醒狮梦"。之后，我们团队与屋主开始讨论新方案，将原铁皮棚改建为一个传统材料砌成的廊架式构筑物，既满足功能性需求，又使其与侍鹤园以及郑观应故居协调，为非遗文化创造一个展示的舞台。这样的一处处惊喜源于规划师与居住者的思想碰撞，设计改造也更符合居民实际需要，而非仅仅停留在建筑风貌的提升上。

2-21　俟鹤园最终实施方案

2-22　俟鹤园实施效果（北园）

2-23　俟鹤园实施效果（南园）

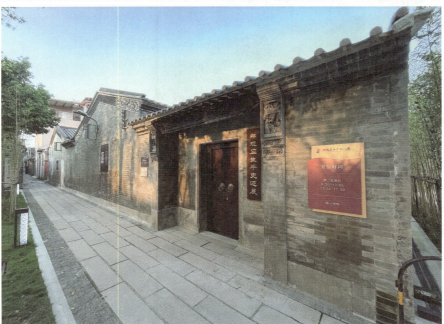

2-24　郑观应生平史迹馆修缮前后对比

2-25 傍鹤园周边改造方案组图

2-26　俯鹤园周边改造方案

第三节　岐澳古道

古道之古

岐澳古道是南粤古驿道的主要线路，海上丝绸之路的重要载体。明中叶以后，以香山澳门为中心，形成了澳门-印度-果阿-里斯本；澳门-长崎；澳门-菲律宾-墨西哥，澳门-望加锡的国际贸易网络，岐澳古道在货物中转、文化传播、人口迁移等方面发挥了重要的作用。在清朝康熙年间形成的岐澳古道，从香山县城南门出发，经南门后南下，一路上五桂山，经崎岖山路，到达雍陌，再经雍陌过古鹤进入今珠海境，最后到达澳门，成为香山与澳门间的重要陆路通道。1860年，岐澳古道被整修成为香山南北主要古道——南干大道。古道北经云逐寺往香山县城，南可直下前山寨、澳门。明清雍陌水上交通发达，渡船往返石岐和前山、澳门的人流络绎不绝，雍陌村东、西码头和始建于宋的雍陌石板长街成为岐澳古道的重要中转站。

古道串联了一个个村落，可以说每个村内的石板路都是古道的一部分。雍陌因其独特的地理位置成为古道上的重要村落，始建于南宋的雍陌上街历史悠久，在岐澳古道中具有较高文化价值。雍陌上街名人足迹众多，是中国近代风云变幻的重要见证。清康熙年间，两广总督吴兴祚上书请求开海，让沿海人民捕捞耕种，并巡历广东沿海，取道岐澳古道，由香山县城取道陆路巡视澳门。清道光十八年（1838年），林则徐受命为钦差大臣前往广东禁烟，道光十九年（1839年）9月2日林则徐从香山县城石岐出发，途经雍陌村时遇暴雨，林则徐为不给老百姓添麻烦，在雍陌上街郑氏祠堂中躲雨留宿一晚。9月3日清晨林则徐又从前山出发，进入古官闸，穿过莲花茎直抵莲花古庙。在莲花古庙，林则徐向澳门民政长官"宣布恩威，申明禁令"。由于岐澳古道的联系，香山地区得以较早地接触西方先进的物质文明和思想文化，孕育出了一大批政治、科技、教育和经济先驱，有力地推动了中国近代化的进程。可以说，古道是广州府从山到海，从海跨洋的商贸之路、出洋之路、英才之路。

雍陌上街始建于宋代，原是约7米-8米宽的石板大街，由大小长短不一的5条老石板（宽约3米）居中纵铺，北侧为石头沙土培固，南侧为石条砌成的沟渠（宽约4米-5米）组成。清同治八年（1869年），石板街因年久失修崎岖不平，由郑观应的父亲郑文瑞及夫人捐资重修。清光绪三十年（1904年）乡人刻石纪念，现今在雍陌上街的一头一尾，南阳祖庙和圣堂祖庙旁的闸门上仍保留着两块重修石街碑记，碑文如下："重修石街碑记 重修雍陌乡大街志 我乡大街创自宋代 年久失修崎岖患之郑君启华暨德配陈刘氏捐修以后履斯道者咸称颂焉渤此 以志不朽 光绪三十年岁次甲辰吉日雍陌乡同人谨志。"

古道今世

2001年，由于村内非机动车日益增多，原石板街不胜负荷，地基下沉，突兀不平，沟渠淤塞，污水横流。村委会多次召集村民商讨，并于2002年

2-27 铺设新石板后的岐澳古道

将古道上的老石板卖掉，同时铺了水泥路面。然而，古道面貌真正发生转变是在2016年雍陌"卖地分红"后，全村按股份及被征用土地数量分配现金，多者每股达38万元，少者亦有近10万元。由于得到土地分红，雍陌兴起修建改建房屋的浪潮，一至两层的传统民居大部分被重建为三层半的现代农房。2019年中山市启动了岐澳古道示范段雍陌段的建设工程，铺设了平整、崭新的花岗岩，花岗岩加村民自改的现代农房的组合很难让人联想到这是一条古道。

　　虽然古道的老石板被换掉，但雍陌上街仍是村落格局的脊梁，也直接体现了雍陌作为一个宗族村落的空间秩序。1千米的一条街，9个祠堂以雍陌郑公祠为中心，一字排开，串联了南阳古庙（上街东端头）、圣堂祖庙（上街西端头）、郑氏祠堂（鉴泉郑公祠、西栅郑公祠、东轩郑公祠、纯一郑公祠、鼓冈郑公祠、云庄郑公祠）、黄氏祠堂（侣樵黄公祠、鹤洲黄公祠）。族人围绕各房祠堂居住生活，呈现典型的宗族聚居特性。

西码头

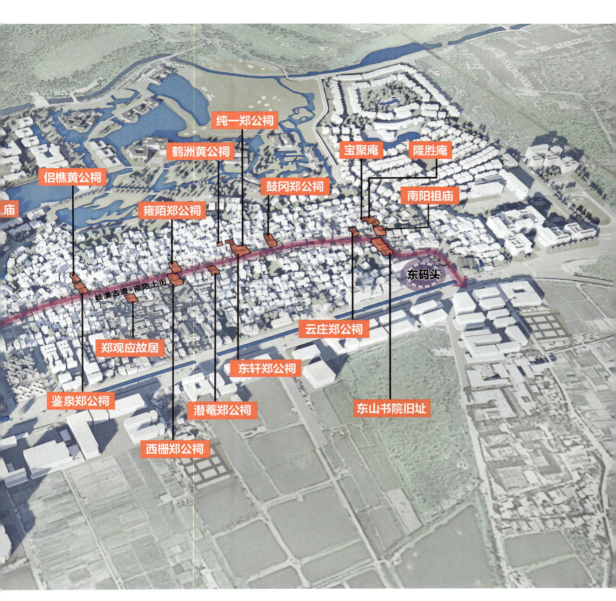

纯一郑公祠

鹤洲黄公祠

侣樵黄公祠

雍陌郑公祠

鼓冈郑公祠

宝聚庵

隆胜庵

南阳祖庙

庙

岐澳古道·雍陌上街

东码头

郑观应故居

云庄郑公祠

东轩郑公祠

鉴泉郑公祠

潜菴郑公祠

东山书院旧址

西栅郑公祠

2-28　岐澳古道雍陌段示意图

古道蓝图

  如何改造这样一条风貌杂糅的古道，大家内心是矛盾的。功能上如何和北侧中山温泉联动？是不是多植入点商业功能？铺装是否要改？亲历一期工程对村民出行带来的困扰后，我们团队虽坚持认为"新石板"应复旧，也担

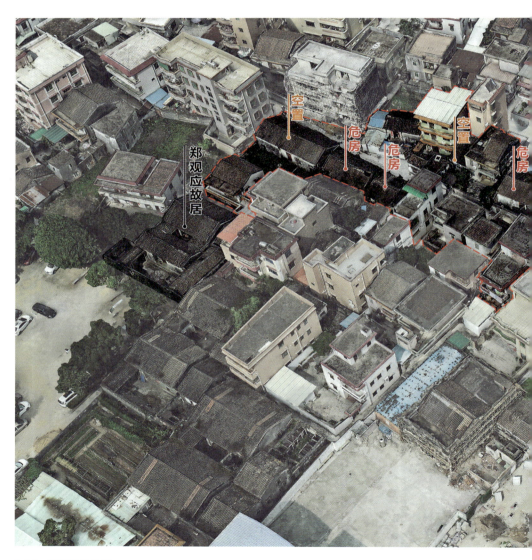

2-29　示范段航拍图

心直接推翻刚完工的工程会让村民重新陷入一个受影响的循环。而且，1千米长的古道需要一次性整治吗？铺开做如果失败了怎么办？这些问题像达摩克利斯之剑一样悬在设计团队头上。最终团队谨小慎微地缩小范围，选取了雍陌郑公祠至郑观应故居这一条120米的示范段来先行先试，如若成功再往两侧拓展。在这短短的120米中，大部分是传统岭南风貌的青砖房，不

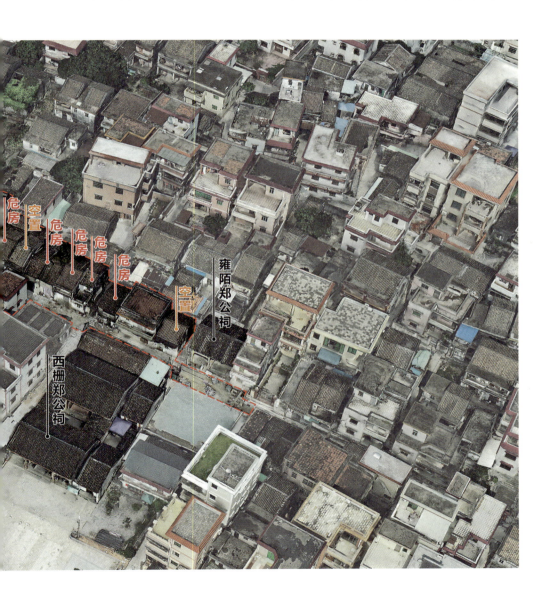

乏五座20世纪90年代"新风尚"建筑穿插其中，引人注目。现在青砖房大多处于无人居住、杂物堆积的状态，雨水充足的外在环境也造就了很多的"室内热带雨林"。双重因素作用下，我们的传统房屋多多少少都存在着结构问题。

很长的一段时间内，"巡街"成为设计团队的日常工作，我们顶着烈日寻找好的观景点，收集较好的门、窗、灰塑、围墙样式形成风貌修补工具箱，3-4层高的瓷片房自然而然被当成重点整治对象。

首先是复刻，团队根据倾斜摄影用建模软件按1∶1复原现状，这120米内，共包含37栋房子、19个电线杆、6个路灯。37栋房子中的16栋传统风貌建筑又被细分成岭南、南洋、中西结合三大类。考虑到将中山温泉和罗三妹山的人流引进来，团队提出将雍陌上街打造成为文化商街，实现新老建筑的再利用。

原有的铁门在设计里被取消，替换成岭南地区传统的趟栊门。为体现雍陌上街的商业氛围，部分未开门窗的建筑北立面被破墙开洞。通过颇具艺术感的条状长窗，商业门头、招牌的植入鼓励居民自行开店，推动功能活化。墙的材质决定了整条街的调性，青砖、红砖、水刷石、马赛克墙面被完整保留。雍陌郑公祠作为示范段内唯一的公共建筑，复原被侵占的一半祠堂，整治好祠堂前广场，提升周边建筑风貌是示范段的点睛之笔。

在方案优化的过程中，经过多次实地踏勘和校核，我们发现这样一个偏商业化的方案在古村古道上是难以实施的，也担心开窗开门会产生新的结构性问题。经多次讨论后，我们团队渐渐形成了一定共识。在这样一个自然生长起来的复杂秩序群落里，用简单的范式来实现振兴意图，其实是有悖于村落自生长的逻辑的，这也是为何千百年延续下来的村落具有沧桑的意韵，而当下乡村振兴行动下的新村落存在千村一面现象。"改"与"不改"的边界界定，"约束"里找"自由"尺度的把握，成为团队一个阶段的议题。直到跳出创意本身，我们在想这条街需要这么多新想法的植入吗？居民的诉求到底是什么？是否修旧如旧，最小干预手段就是这条街最朴素的改造手法吗？

2-30 示范段第一轮、第二轮改造效果图

古道蜕变

就这样，团队最终决定不局限于电脑和图纸，而是把方案做在雍陌的大地上。方案的思路也从初始的纯商业转变为老屋换新颜的小修小补，"修旧如旧"开始贯穿改造全过程，就这样"调研大表"和"工艺大表"产生了。

因电脑模型难以将所有细节都表达清楚，调研大表采用图表对应的形式，表中详列每栋房子的四个立面要素，内容包括建筑门牌号、建筑风貌、层数、功能、概况以及每个立面的墙、窗、空调、雨水管，围墙的材质、质量、规格情况。同时在调研时期，团队对各要素的改造方式提出初步设想。

近年来传统工艺遗失现象严重，为指导施工队高效施工，团队成员多次拜访了岭南工匠，并制作了"两式十类"工艺大表。两大方式为拆除工程工艺和改造/修复工程工艺，十类为墙面、铺地、屋面、围墙、门、窗、灰塑彩画、构件、其他、特殊。工艺表对每一种类型的改造方式、构造做法、具

2-31　第二轮改造立面对比

体施工工艺、技术要求、补充做法做出了详细注解。以灰塑彩画为例，明确以传统手工工艺绘制为基础，确定手工艺工具包具体做法（彩画用料、工序及操作工艺、丈量起谱、做彩画地杖、分中、打谱、沥大小粉、刷底色、贴黄胶、打金胶、贴金、拉晕色、拉大粉）。工艺大表的梳理是对"设计方-施工图方-施工方"的规则框定，大家有了一定的工作准则，准则内容根据设计和施工的经验逐步完善和修正。

经过一段时间的探索，团队完成了对示范段所有建筑的标图建档，决定只开展建筑改造工程，街景暂不改造。

建筑改造第一大类为祠堂改造，雍陌郑公祠、鼓冈郑公祠两间祠堂的改造为古道改造的重点。雍陌郑公祠原为三进，后两进和第一进的一半被拆毁建成了民居，经过与居民多次沟通，在多方共同努力下，雍陌郑公祠第一进得以修复。鼓冈郑公祠可能为明末清初所建，是中山较为古老的祠堂，修复后的鼓冈郑公祠被公布为中山市历史建筑。

北立面改造后

北立面改造前

2-32　雍陌郑公祠修缮前后对比

2-33　鼓冈郑公祠改造前后对比

2-34　福洼公所改造前后对比

建筑改造第二类为传统风貌建筑。为了打造好示范段，团队选取了示样房，既是给居民看效果，也是我们设计手法的浅尝试。雍陌上街113号是传统岭南风貌的青砖房，无人居住，杂物堆积，室内树木盘根错节。初入113号，我们发现这是一处无从下脚的"仓库"，调研人员无法进入房屋内部，对于真实的情况只掌握了30%。施工队清理完杂物后，房屋全貌才得以展现，横墙两侧均被树根顶破，根茎盘旋在两侧山墙，树干也嵌入在墙中，瓦顶已经被枝繁叶茂的树荫取代，砍树救屋行动迫在眉睫。经过结构师的全方位确认，我们团队制定了具体的抢救措施：在两侧山墙足够支撑力的情况下，拆除已被树根破坏的横墙，拆除部分山墙，砍掉树干，重新砌筑，屋顶也被重新修筑为传统的辘灰筒瓦屋面。除结构问题外，更换破旧的门窗，修复已经被污染的青砖墙面。从目前的效果来看，雍陌上街113号的修复是成功的，给各方都带来了很大的信心。

为保护雍陌上街沿线丰富的立面特征，我们在设计上对示范段上的三处水刷石建筑采用保护修复的方式。雍陌上街106号南立面为水刷石，沿街面北立面现状是石灰砂浆，因雨水侵蚀石灰砂浆大面积发霉变黑。经与屋主和村委会慎重讨论后，团队决定在北立面采用水刷石面层，石米颜色、粒径、配比根据南立面水刷石1：1的复刻，在经过十几轮的水刷石试样之后，北立面效果达到南立面的80%。

在传统建筑的改造过程中，团队也面临了一个问题：财政资金是否应该用于私宅内部的维修？外立面属于村容村貌的范畴，但内部维修就存在公平性问题。最终商定的结果就是如果村民愿意把房子交给村委会来代管，那就内部和外立面一起修，否则只修外立面。所幸的是，村委会和村民的谈判结果比较乐观，老房子屋主100%与村委会签订了10年的代管协议。

中山市国有企业中汇集团和三乡镇属资产公司、村集体成立了中山市雍汇旅游投资有限公司，专门负责雍陌村的整体运营。文旅公司成立以后，结合运营要求，采用传统工艺对12栋传统风貌建筑进行了修复，其中3套作为民宿使用，其余持续招商中。

修好的老屋被赋予保护身份，挂牌"雍陌传统建筑"，这是一个村级

2-35　民宿改造前后对比1

2-36　民宿改造前后对比2

保护名单。希望通过此举在文物保护和历史建筑保护体系中补充缺失了的乡村遗产保护的内容。"雍陌传统风貌建筑"作为不可移动文物及历史建筑，由文广新局、城市更新局历史文化名城保护中心定期组织专家评审，将有价值的建筑列入不可移动文物、历史建筑名单。2021年，雍陌村通过这一途径增补了历史建筑8处，分别为鼓冈郑公祠、雍陌郑公祠、西栅郑公祠、鉴泉郑公祠、潜庵郑公祠、隆胜庵及宝聚庵、侣樵黄公祠、郑崇礼堂。

在改造过程中，老工匠越来越难找，传统的建造工艺正在慢慢失传是一个现实问题。在青砖墙面、水刷石、壁画、灰塑、水刷石施工过程中，工匠更换了好几批，有部分成功了，但也留有一丝遗憾。

2-37　其他典型建筑改造前后对比

2-38　雍陌传统建筑挂牌

2-39　壁画修复前后对比

2-40　示范段改造前后对比1

2-41　示范段改造前后对比2

古道民"声"

在施工队进场后，几乎所有传统风貌房子的屋主都同意改造方案，且很多村民表示，随便怎么改都可以。有一位华侨听说了村里的工程，主动提出由他来出资，希望设计团队把屋子内部也恢复成传统的模样。

而现代建筑，尤其是质量较好的现代建筑的屋主大多不愿意改造，他们既考虑改造过程对生活的影响，又担心铲除现有的瓷片后房屋会漏水。住在康睦里巷口的大姐是一位退休的教师，她表示"这次改造对那些传统的青砖房来说是百利而无一害，那些老房子本来就不能用了，都已经烂了，你们现在改好，他们就可以用了。而对我们是百害无一利，房子改造了可能会有漏水的风险"。我们试图从风貌协调、居住环境品质等角度来说服她，甚至村委会提出可以出具一项责任书，一旦出现漏水问题全由村委会负责维修。可惜的是，我们没有说服屋主，一直到改造工程结束，这栋现代建筑依然矗立在原地，像一个旁观者一样观看着这条古道的改造。

第四节　迈克尔·杰克逊的足迹

1987年10月23日，迈克尔·杰克逊经由澳门然后乘车到珠海拱北口岸入境中国内地。在雍陌村的田间地头，他头戴当地农民戴的斗笠，穿着一身白色短袖T恤，悠闲地站在田埂上眺望着远处青葱茂盛的庄稼和池塘里嬉戏的鸭子。他说，"这一天我过得很开心"。这也是迈尔克·杰克逊生平唯一一次内地行。

郑老伯家在雍陌上街靠近洗衫桥的位置，这是从马路边进来的第一座青砖瓦房。高耸的围墙、宽敞的天井、斑驳的雕花，吸引着很多游客进来参观。"当年，这是迈克尔·杰克逊来到雍陌村的第一户人家。"郑老伯告诉大家，当时迈克尔·杰克逊好奇地走进屋里参观，那时还健在的郑老伯母亲林桂老人家，虽然语言不通依然热情地接待了来自外国的客人。不久之后，郑老伯收到了大洋彼岸寄来的合影照。与迈克尔·杰克逊合影，让老人家成为

2-42　1987年迈克尔·杰克逊与雍陌村民合影

2-43　雍陌艺术广场位置示意图

村里远近闻名的人物。"这张照片在客厅摆了几年，很多外国游客过来看到了，都非常惊奇，还举着照片拉着我妈一起拍照留念呢。"根据郑老伯回忆，杰克逊是一位好心人。"那时候，家里经济条件不太好，也没啥摆设。他就问我妈说，需要多少钱，我妈连连摆手拒绝了。不过，临走的时候，他还是让助手塞了2 000港币给我妈。"郑老伯说，杰克逊走了之后，林桂老人家问他："外国人都这么大方吗？"当时也在现场的郑老伯的儿子阿鹏也回忆说：

雍陌艺术广场

"杰克逊很斯文、随和，虽然有保镖跟着，却不会摆架子，他还招呼我们几个小朋友合影。"

世界级巨星走访岭南名村使雍陌更增添了一份神秘色彩，雍陌每年还会迎来大批"音乐朝圣者"，音乐便成为这座村绕不开的话题。以音乐为主题打造一个广场成为村落居民甚至迈克尔·杰克逊歌迷的共同心愿。我们团队深入挖掘村内不多的公共场所，并把目光聚焦在西栅郑公祠前广场空间，这块场地约50米见方共计2 000平方米，是雍陌村最大的一片空地。场地北侧是西栅郑公祠堂和岐澳古道，西侧是华侨楼、郑观应故居，东侧是二房巷，它是雍陌最核心位置，仿佛村落的心脏。"就叫雍陌艺术广场，做好音乐文化，赋予古村艺术活力。"有次讨论中，团队成员掷地有声地把这个想法提了出来，并获得了大家一致认可。

在纠结中设计

如何将音乐元素植入广场，如何成为一处村民愿意驻留的场所，如何在古村落里既保护原有村落肌理、与古村落风貌协调，又能巧妙地融入一些现代设计，让艺术广场能够从众多乡村广场中脱颖而出，是我们在设计之初就抛出的三大命题。

在第一版设计方案里，围绕广场做一圈廊架，通过廊架将广场空间限定，融入水的元素，在围合的广场空间里设计方正的水面来聚人气。这个点子形成的时候，大家都非常兴奋，一大片镜面水呈现在图面上，整体效果还是很棒的，村里对整体形态也比较满意。但是设计是一个不断自我否定的过程，经过后续一两个月的反复讨论和与村领导的沟通，我们的设计方向也在逐步转变。一是村书记反映水体很难围护，乡村振兴工程实施后，很难有固定的运营团队对景观和水体进行维护；二是乡村景观不仅要好用、美观，更要与村落的沧桑感相互呼应；三是现代感十足的廊架和镜面水空间在城市是个不错的选择，但作为村落广场休闲空间多少会显得格格不入。多轮斟酌后，我们自己推翻了这个方案。

第一轮方案被搁浅后，大半年时间团队都在对广场周边情况进行摸查，并对周边建筑的拆、改、留意愿进行了详细摸底。在明确广场西雍陌卫生站必须保留后，原来还较为方正的广场变成了不规则多边形，方案变得更难做了。设计师们大部分是有一些强迫症的，喜欢横平竖直的场地，图纸上的每一条线也尽量是平行或者垂直的关系，但是这个广场从南边的道路，到西边的界面，再到北边的华侨楼和西栅郑公祠，最后到东侧老房子的界面，每一条边界都是不规则的，这给设计造成了不小的困扰。最后，在一个去河北出

2-44 艺术广场改造前航拍图

2-45 艺术广场第一轮效果图

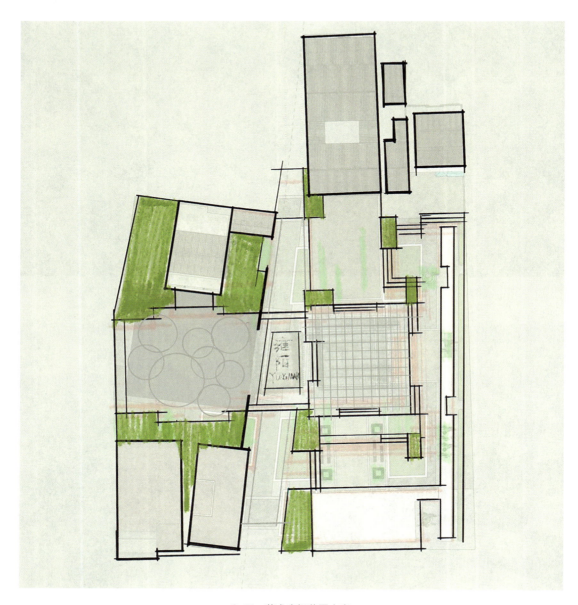

2-46 艺术广场草图方案

差的夜里，团队针对方案展开了激烈探讨，大概到凌晨1点，桂铭泽在iPad上涂涂画画好久以后，完成了落地方案的雏形。

我们延续第一轮规划围合的概念，在南侧新建一个岭南风格的建筑，东侧新建一组坡屋顶廊架，用边界限定的方式将广场空间围合。围合出的广场用设计高差来增加丰富性，正中央是一个20米见方、400平方米的下沉广场，周围处理成一些台阶和平台，形成一个有高差、有空间的围合庭院，村民能坐在台阶上休憩，也能走在廊架里纳凉。针对水面不易维护的问题，设计方案也给出了回应。下沉广场结合铺装设计了一组中间大、周围小的渐变形灯光喷泉，形成了既有水，又不难维护，也有音乐的下沉喷泉广场。结合艺术广场的文化性，设计在街巷上完整复刻了岐澳古道的地形图，强化了文化属性。

2-47　艺术广场第二轮效果图

2-48　岐澳古道地刻图

　　直到建成后，我们出乎意料地发现艺术广场是多么地受到本村村民和周边居民的喜爱。每到傍晚音乐响起时，广场周边都会聚满村民，有路过驻足的村民，有家长专门带着孩子来戏水，也有踩着轮滑和骑着单车的小朋友围绕着广场一圈一圈嬉戏玩耍，这一刻，空间作为一种社会艺术形式得到了最真挚的认可。

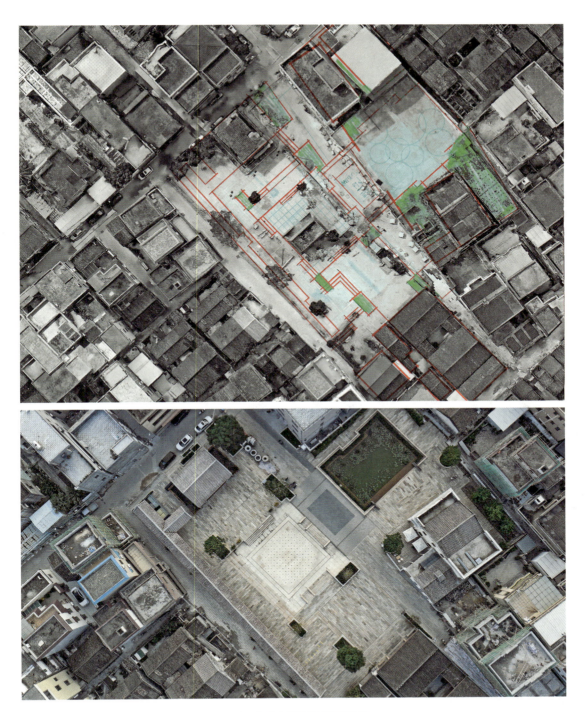

2-49　艺术广场改造前后对比1

艺术广场现状照片

艺术广场设计效果图

2-50 艺术广场改造前后对比 2

2-51 艺术广场改造前后对比3

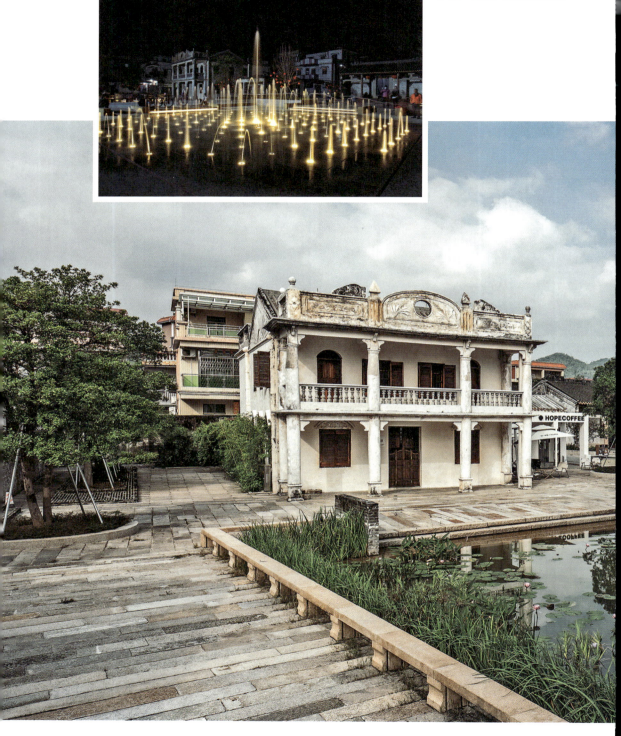

2-52 艺术广场的音乐喷泉

2-54　艺术广场的休闲连廊

2-55　艺术广场改造后航拍图

施工中的二三事

建筑从图纸上跃然于真实的场地是设计中最难把握的过程，从2021年春天开始，艺术广场进入施工阶段。一年的施工周期内，团队成员几乎每隔几天就会去一次现场，解决各种各样的问题。从设计阶段没有考虑详细的铺装分隔、材料选型、细节做法、标高设计，到现场与施工队协商，做现场变更，再到与村民交涉，与村委沟通。大大小小的设计修改、现场交底、每周例会，光是设计修改的图纸方案，就结合现场情况修改了近20轮。

建筑就是材料的语言，乡村建设更考验材料的使用。中山的乡村振兴流程是施工图完成后，要交由预算单位做审核，再用预算价招标，预算价格直接影响着施工队用什么品质的材料。在设计之初团队就考虑艺术广场要与雍陌村的历史氛围相融合，所以我们坚持地面铺装材料采用老石板作为主要材料。老石板的材料价格较高，经过与村委、施工队的多番沟通，我们有惊无险地保证了老石板平安落地，使得项目高质量呈现。

如何把方案实施在平地上是对设计师的最大考验，艺术广场施工过程中我们就遇到一处这样的问题。为了保留艺术广场东侧的一条小巷的铺装，设计的东南角花台设高出地面90厘米用于空间围合，这本是一个合理高度，但由于现场地形本就有几十厘米的高差，施工到一半就发现花台已经高出地面130厘米了，犹如一堵墙立于眼前。发现这个问题的时候，竖向施工已经进行到一半了，现场人员马上叫停，重新翻找原始地形图和设计方案的关系，对整体场地又做了一轮模型比对，在保证原来方案效果的前提下，确保每个设计节点不会因为高差产生不适感。

一些场景的呈现也是一种机缘巧合，华侨楼前的广场就是个典型。在设计方案里，考虑到水体比较难维护，华侨楼前的广场就以铺装为主零星点缀几棵大树。但是在施工过程中施工队反映，树池地下一挖开就有大量地下水冒出来，树种下去肯定难以存活。雍陌的地下水位这么浅吗？正在这个时候，住在二房巷的村民主动找到我们并告诉我们，华侨楼前原本是一片水

2-56 西栅郑公祠修缮前后对比

2-57 华侨楼改造前后对比

塘，只是各种原因，后被填埋了，原来水塘的石头驳岸还都存在。我们得知这个消息很兴奋，原本沉寂的"水塘梦"好像又活过来了，原来这里就是个水塘，那复原出来不是更具有历史和保留价值吗？于是当天临回上海前的几个小时，我们紧急组织施工队挖开这片硬地，发现地下真的是一片水塘，驳岸的老石材保留完好。考虑到紧张的施工进度，团队马不停蹄地安排测绘水塘驳岸的范围线，并根据水塘再现的思路重新设计了一套方案，这一方案得到了市领导和专家的大力支持。

　　建成后，我们发现老水塘的方案深受村民的欢迎，岸边的座椅成为男女老少夏日最喜欢坐下观赏艺术广场喷泉的场所，水塘的再现也进一步延续了地方文脉，恢复了村民记忆。

2-58　夜色中的艺术广场

2-59　在艺术广场上开心玩耍的孩子们

第五节　郑氏老祠堂

郑氏老祠堂指鼓冈郑公祠，又名雍陌三房祠，是雍陌10余座祠堂中最古老的一栋建筑。它原是典型的三进祠堂，可惜的是由于历史原因，第一进被拆除了，遗留下祠堂前广场。据专家推测，鼓冈祠始建于明末清初，保留完整的蚝壳山墙和硬山顶，斗拱上的木饰花纹，祠堂内的红砂岩柱无不述说着这栋祠堂的历史。2018年夏，我们团队第一次见到鼓冈郑公祠就被它的特色深深吸引，但是祠堂门深锁，内部堆满了杂物，山墙也出现了开裂，这些状况引起了大家深深的担忧，祠堂的抢救性修复迫在眉睫。

在开展工作之初，我们确定的设计方向是除祠堂本身的修缮外，还要对祠堂前广场空间和周边建筑立面进行整体性改造，实现建筑与历史环境要素的整体活化提升。

2-60　鼓冈郑公祠改造前

2-61　鼓冈郑公祠内局部

郑氏老祠堂的修缮

鼓冈郑公祠最大的特色是蚝壳墙体，两侧山墙密密麻麻铺满整齐、巨大的蚝壳。由于时间久远，蚝壳有些发黑，部分蚝壳还出现脱落的痕迹，墙顶有部分开裂。蚝壳墙是岭南地区自明代以来比较常见的一种墙体砌造样式，具有一定的特殊性和稀缺性，明清时期较为常见。清末民初至20世纪五六十年代，蚝壳墙或坍塌或拆除，被砖墙所替代，现在留存的蚝壳建筑物屈指可数。这些历经风雨却依然坚挺的蚝壳墙，承载着历史的风霜，见证了古人对建筑用材的智慧。如何保护和展示蚝壳墙是设计的难点，设计上考虑在修复好蚝壳墙体后，采用外砌玻璃的形式，让人能直观地观赏墙体。

除墙体外，格局的构建也是重中之重。设计之初，团队考虑以新老建筑的结合作为切入点，用纯玻璃和架空的钢木构架复建出第一进祠堂，形成古今对话关系，强化玻璃这一通透的空间与砖木结构、蚝壳墙传统构建的对比。经由第一进虚空间跨入主体建筑内，是一种穿越古今的行进，从而体会现代与传统的碰撞，感受鼓冈郑公祠的岁月沧桑。

在后续沟通中，新建玻璃建筑的想法被放弃了。虽是玻璃，但从视觉上还是会遮挡现有建筑的主立面，空间上会压缩广场，这对本来就缺少公共空间的村落来说有较大影响。根据对周边居民的采访，考虑到采光和活动空间可能受影响，且周边居民对新建玻璃建筑有一定抗性，我们最终明确了对第一进祠堂进行景观铺装上的复原。我们根据史料在原柱子位置复建其柱础，将第一进的位置用不同的铺装材料进行划分，在不新建建筑、不扩大建筑面积的同时，也能将原三进祠堂的意境巧妙表达。

我们提出建筑修缮的原则，具体的修缮工作由中国民族建筑研究会专家苏欣如团队负责。具体原则包括：严格保护祠堂的形制，适当展示蚝壳山墙；对祠堂的二三进采用结构加固，保护祠堂内的红砂岩柱，检查木梁木柱，更换病害木结构；对原本已经损坏的外墙门窗在遵循当地传统风貌的前提下，进行原比例、同样式更换，在有历史资料的前提下，遵循历史样式进行复原，若缺少资料，材质与样式则尽可能有史可据、有史可查；对屋顶瓦屋面进行更换，解决现状漏水漏雨的问题。

修缮后的鼓冈郑公祠可谓焕然一新，略感遗憾的是蚝壳山墙藏在石灰砂浆抹灰后，像是一段记忆被封藏了。即便这样，祠堂解危算是得到了有效解决，祠堂从原来的堆放杂物转变成乡村展厅，也成为雍陌村落历史的窗口。

2-62　鼓冈郑公祠修缮前后对比

周边广场与建筑改造

鼓冈郑公祠前广场是一块 45 m×20 m 的空间，雍陌上街将广场分隔成邻近鼓冈郑公祠的北广场和一街相隔的南广场。总体策略上，团队采取有收有放的改造手法，北广场采用老石板的横铺纵铺相结合方式，南广场纵向以草坪为主，形成大气简约的形象。

南广场与鼓冈郑公祠遥相呼应，空间上可谓对景，广场端头是牌坊，牌坊后为一处传统风貌建筑，平时无人使用。设计之初，团队以考虑新旧对比为主要思路，北广场的尽头是鼓冈郑公祠，传统而厚重，而南广场则是将原有牌坊和空置建筑拆除，将原址建筑改建为咖啡厅，材料选用暖色夯土涂料、玻璃幕墙、素混凝土组合，呈现出鲜明活泼的调性。在咖啡厅的一侧设计大台阶上屋面，坐在大台阶上看鼓冈郑公祠成为一大亮点。设计的畅想是美好的，但是落地阻力大，周边的居民明确反对拆除牌坊和新建建筑，经多次交涉后设计只能局限在广场更新上，建筑依然保留原貌。

2-63　鼓冈郑公祠前广场改造前航拍图

鼓冈郑公祠东、西两侧有13栋居民楼成环绕态势。除4栋传统建筑以"修旧如旧"为核心策略外，9栋现代民居的设计手法采用现代与传统相结合的方式。首先是建筑改造风格上分为南洋风格建筑和现代风格建筑。其次是对建筑元素进行——分类，包括立面材料、门窗样式、檐口样式、围墙样式、空调机位、栏杆样式、装饰线条7大类。在立面材料上，南洋风格的建筑主要采取青砖皮贴面和水刷石材质为主，现代风格采取青砖心贴面，分为颜色各异的马赛克、水刷石、真石漆、红砖贴面4种。同一栋楼又有不同材料的组合，比如现代风格里的马赛克与水刷石组合、红砖与真石漆组合，南洋风格里的青砖皮和水刷石组合。

现代民居的屋主由于担心铲除原有建筑的瓷砖马赛克后会导致施工漏水，并认为水刷石不如瓷片房时髦，对于瓷砖改水刷石，约1/2的居民是持反对意见的。在落地实施的过程中，驻村规划师尽量通过村委会与村民进行协调，寻求双方都能接受的最优解决方案。比如：瓷片改水刷石的房子，居民担心漏水不同意铲除瓷片的，我们把水刷石换成质感类似的真石漆，涂在瓷片上，避免漏水；居民不同意更换成青砖皮的，改换成青砖心贴面，尽量保障实施效果。

门窗样式方面，因为原来的门窗大多采用绿、蓝、棕色系，外观看起来百花齐放。设计师对色系混乱、保温性能不好的铸铁门窗进行了更换，在统一风貌的同时保证门窗保温效果。在门窗的外包装线条上，结合南洋风格及现代风格的设计元素，采用铝板包边、GRC包边、涂料粉刷等不同的工艺，在保证整体风貌协调的同时尽可能实现多样性，避免千窗一面，千楼一面。

9栋现代民居多为四坡顶红色披檐的形式，略显厚重且与鼓冈郑公祠风貌不协调。设计拆除挑出屋面的披檐，用宝瓶柱和南洋风装饰构件作为女儿墙，针对现代风格的檐口，我们采取多样化的铁艺栏杆、水刷漆女儿墙等不同风格的样式。

在装饰构件上，南洋风格的楼栋上采用GRC包边的手法增加立体感和装饰感。现代风格楼栋上采用铝板假窗、青砖红砖竖砌装饰、顶部铝合金线脚灯带等不同的样式增加立体感、细节感和多样性。

2-64　鼓冈郑公祠前广场改造方案

2-65　民居改造方案1

2-66　民居改造方案2

2-67　民居改造方案3

最终，祠堂改造虽较设计初心有些出入，但由于建筑及周边环境的一体考虑，鼓冈郑公祠也呈现了较好的整体性效果。在这一过程中，和村民多次的沟通博弈，特别是祠堂南广场的多次调整方案，也是一种充分吸纳村民意见的公众参与式设计。

第六节　雍青篮球队

20世纪90年代初，一群志同道合的青年在雍陌组建了篮球队，这支球队积极拼搏，勇往向上，在中山各级比赛中都取得了优异成绩。篮球队平时的训练和比赛场地位于村西侧雍陌下街旁的球场，这块区域也因为球场的存在而显得活力满满，一度以来是村里最为热闹的区域。站在球场中央，扑面而来的是几栋现代风格的瓷砖房，由于层高达到5—6层，整个球场就像被一个"桶"箍住一样。"桶壁"上遍布密集却大小不一的窗户、裸露的厨卫排水管道、空调机、藤蔓一般的电力电信线，无不真实地反映出这一区域的拥挤和无序。

在场地改造上，我们以最小干预为原则，通过地面篮球彩绘构建多彩球场，篮球场南侧增加运动图案，旨在提供趣味性空间。立面改造是片区设计里的最难且最重要的部分，最终通过特征分析、立面梳理、立面设计三个主要步骤来呈现方案。

特征分析包括现状识别、建筑与周边环境的关系、立面和内部功能的关系。以球场东边的三栋建筑为例，它们的共同点是年代较新、立面材质与风格接近、窗户密集且水管密布，差异点则是立面色彩和门窗细部略有区别。因此，我们研判这三栋楼可用类似的手法进行改造，且改造后的立面需要尽量"求同存异"，避免出现三栋风格迥异的建筑。

立面梳理是一个相对细致的工作，团队对每一栋立面进行详细的调研，对立面的各个角落都进行了细致的拍照和归档，记录八大要素（包括门窗、檐口、窗台、阳台、电线、水管、电表、植物），并逐一分析，使得设计过程中不至于错过一些重要的线索导致方案的可实施性下降。

立面设计则是在前期分析和梳理后，基于设计理念，提出解决方案。在设计之初，我们对于竖向水管做了"显"和"隐"两种设计思路的讨论。"显"的方式较为激进，是将三栋楼水管外露的共性问题作为建筑自有特征表现出来，采用一种类似"风格派"的手法使得水管成为立面的一个表现和构成元素而存在。"隐"则相对低调，将竖向水管遮罩梳理，涂刷与立面类似的颜色，重新考量金属门窗套与空调外机罩的组合和比例，弱化水管独立性，实现其与环境和立面的融合。经过多轮讨论与比选，最终我们还是决定用"隐"的手法来进行立面改造设计。而解决了水管问题之后，其余的立面部分改造设计就简单多了。首先是用一体化的金属窗套替换、包裹原有的琉璃瓦挑檐和混凝土窗台，将立面门窗尽量对齐。窗套与空调遮罩的细部设计也给原本平淡、单薄的立面增加了美感。最后在综合考虑投资经费与效果的情况下，并征得居民的同意，通过表面涂刷真石漆的方式，将建筑的立面颜色饱和度降低，同周边现有环境与建筑融合，让它们成为精致、现代但又"合群"的房子。

2-68　雍青球场改造前航拍图

2-69　雍青球场周边建筑现状

2-70　雍青球场周边建筑群立面现状

2-71　雍青球场改造方案1

2-72　雍青球场改造方案2

2-73 雍青球场改造方案3

2-74 雍青球场周边风貌改造方案

2-75 雍青球场航拍1

2-76 雍青球场航拍2

2-77 雍青球场实施效果1

2-78 雍青球场实施效果2

2-79　雍青球场实施效果3

　　除了雍青篮球场这类大型的公共空间外，村内零星分布的闲散空地也亟待进行串联与整合，需提高土地的利用效率，避免空置或沦为临时停车场。考虑到青少年活动的需求量大，设计师提出找寻一两处用地用于儿童乐园设计。设计的初衷是希望村内儿童在享受乡土气息的同时，也能体验城市内幼儿娱乐设施。我们在设计上不过多干涉乡村周边的环境，而是保护和延续儿时的记忆，一砖一瓦，一草一木，这些都是区别于城市儿童乐园的独特而宝贵的体验。

　　儿童乐园的方案聚焦在村中一组L形空地上，通过滑梯、坡道高差等柔性隔断将场地分为三个主要区域，分别适用于不同年龄段的儿童。包括适用于低龄儿童的爬爬区、学步区，适用于3—9岁儿童的攀爬区、滑梯区、沙池区，以及适合9—12岁儿童的健身区。设计手法上则采用现代元素与传统元素并置的方式，运用代表活力的多彩色系与代表传统文化的青砖围墙形成新旧对比，构建出一种老村新生的氛围感。

2-80　雍陌儿童乐园组图

第七节　雍陌古村改造小结

强有力的领导班子是乡村振兴工作开展的重要保障

雍陌村由中山市市委书记挂帅，主管乡村振兴的副市长把关，共经过了16次规划汇报，邀请了广州市城市规划协会会长潘安、广州原市长陈建华、华南理工大学郭谦教授等专家多次对规划进行指导。乡村振兴涉及跨部门协调、与村民的协调，中山市委农办专职副主任、三乡镇党委书记、主管副镇长及农业农村局相关负责人持续跟进项目，雍陌村两委会及党员紧密配合，做好村民工作，把控施工质量，才使项目得已顺利进行。

示范区先行

中山的村落一般都规模较大，人口密集，遗产较多，且风俗保持良好，贸然改造可能适得其反，且对于乡村而言，要考虑施工对生活的影响和资

2-81　示范区效果图

金投入的能力以及每年能呈现的效果，要给政府、社会、村民以村落能逐渐变好的信心，才能持续地得到各方面的支持。

雍陌村改造是我们对示范区的一次实践，团队制定了雍陌村的保护振兴三年行动计划，先期打造以围绕郑观应故居和雍陌郑公祠为核心的"P"字形示范区，再往雍陌上街、雍陌下街和东西码头拓展。经过两年的建设，艺术广场、岐澳古道示范段、郑观应故居周边改造完成，华侨楼、鼓冈郑公祠、崇礼堂修缮完毕，"P"字形的示范区已基本建设完成，郑观应诞辰180周年活动和雍陌文化艺术周活动顺利举办，取得了较好的社会反响。

以文化保护推动乡村振兴

雍陌村的改造是一次把历史文化保护与乡村振兴结合起来的尝试，在"保护为先、应保尽保"的工作思路指导下，以保护规划为乡村振兴的基础和依据。按中共中央办公厅、国务院办公厅《关于在城乡建设中加强历史文化保护传承的意见》要求，科学划定保护范围，提出对历史村落整体环境的保护，逐栋摸查，建立"雍陌历史文化保护传承体系"。提出推荐不可移动文物、历史建筑的名单34处，联动中山市城市更新局，将其中8处列为中山市新一批的历史建筑名单。在古村落风貌整治提升上，根据不同建筑类型制定不同的修缮

2-82　改造后的咖啡店1

2-83 改造后的咖啡店2

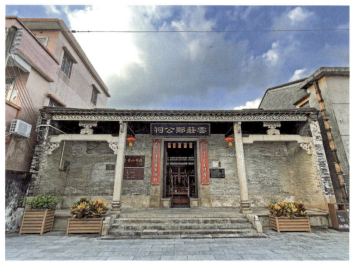

2-84　云庄郑公祠活化利用为香山书房

整治策略，传统风貌建筑修旧如旧，现代建筑则更换与传统风貌建筑相协调的外立面材料，实现大协调中保留个性。

把修缮文物和历史建筑同增加公共服务配给结合起来，雍陌村也是一个试点。鼓冈郑公祠作为中山市历史最久的祠堂之一，修缮完成后已从一处垃圾堆放房转变成为村民公共文化活动的场所。几乎半毁的雍陌郑公祠终于被修复，仍作祠堂使用。华侨楼经团队修缮后，一层作为华侨文化展厅和咖啡厅。云庄郑公祠也植入了乡村图书馆功能，用作香山书房。郑观应故居东侧的两套民宅因和故居空间上较接近，且原本就是郑氏家族的房屋，被改建成郑观应纪念馆和雍陌村史馆。福注公所恢复历史功能，活化为雍陌村民议事厅。

在乡村公共空间植入上，改造是以文物、历史建筑周边为核心来形成公共空间配给。相对于中山其他村落，雍陌两街一河两码头公共空间体系较为清晰、完整。这次改造结合现有的公共空间以及文物、历史建筑周边，围绕郑观应故居打造"侍鹤园"，围绕雍陌郑公祠、西栅郑公祠（大房祠）、华侨楼形成艺术广场，围绕鼓冈郑公祠形成鼓冈广场，围绕圣堂祖庙升级成雍青篮球场，围绕纯一郑公祠形成雍陌儿童乐园。增加村落内的文化活动空间，形成一个个"文化气孔"，也成为彰显村落文化的窗口。

以文化活动推动古村落的振兴工作

2022年7月24日至7月25日，纪念郑观应诞辰180周年系列活动暨学术研讨会在中山温泉宾馆、三乡镇雍陌村举行，系列活动包含三乡木偶戏《郑观应》剧目首演、郑观应学术研讨会、2022年三乡镇旅游文化艺术周等。现场举办了郑观应生平史迹展揭牌、《郑观应研究口述史》新书首发暨赠书仪式和郑观应研究口述史学术座谈会。文化活动对于村落的带动作用是明显的，研讨会期间粤港澳专家、名流、政要集聚雍陌村，媒体也开展了广泛的报道，雍陌的名人文化效应得到极大的彰显。此外，2022年三乡镇旅游文化艺术周以雍陌艺术广场为主场地，开展了包括三乡木偶戏、唐乐、茶道、少儿艺术教育等多场演出及活动。

2-85　纪念郑观应诞辰180周年学术研讨会展示牌

2-86　郑观应学术研讨会现场

2-87　三乡木偶戏《郑观应》剧目首演

2-88　2022年三乡镇旅游文化艺术周

2-89 郑观应生平史迹展揭牌

资金保障——多方筹集资金，充分调动各方主体

为了落实历史村落的改造、保护和振兴，雍陌村多方筹集资金，通过市级财政、镇级财政、国家农综改支持资金、社会企业捐款、村民捐款等渠道筹集资金约1.3亿。

此外，雍陌村充分调动各方主体，形成国企-镇-村合资项目运营公司，推动雍陌特色文旅产业发展。中山市国有企业中汇集团、三乡镇属资产公司、村集体成立三方合资公司，合作开发雍陌村民宿、餐饮等旅游商业。目前雍陌村与中汇集团、三乡镇集体资产资源经营管理有限公司合作开发特色民宿产业，已将4套近代民居改造为民宿，有12间客房。此外，雍陌上街修缮完成的10间老房子，引入了传统茶果、中山特产、咖啡、轻餐饮、传统茶艺等业态的进驻。整体运营增加了村集体的收入，目前雍陌村正在继续盘点空置老屋，推动更多空置老屋活化为文化旅游商业空间，积极鼓励村民与社会力量的参与，共同推动雍陌村的保护活化。

2-90 务仁巷 2 号民宿

2-91　老屋改造后的中山美宿·雍陌

制度保障——提出"拯救老屋"方案，制订农房管控导则

雍陌华侨众多，很多侨房年久失修空置多年，一部分是无人照管，一部分有代管人，但房屋有危险，不具备出租的条件，房子日渐荒凉。每逢台风过境，村委会的工作人员都会紧张这些危房会不会倒塌。这些"危房"往往都是百年建筑，是应该得以保护的传统风貌建筑。这些建筑的修缮存在诸多问题，老屋的继承人往往有很多，且分散在全球各地，很难收集全部继承人的意愿，业主自行修缮的可能性很小。

除普查传统风貌建筑，通过挂牌认定来保护雍陌村"近代建筑底色"，补充遗产保护体系，建立村级保护名单外，村委通过租赁的方式，将空置的老房子统一修缮，再统一运营。修缮的过程中，应维护建筑的多样性和村落的特色体系，包括文化符号、装饰、色彩、材料等。对于私房，制订农房管制导则，以试点房屋的修缮给出农房管控的示范。以总体协调、多样统一、体现文化特色为原则，形成传统的三种风格——传统岭南风格、中西结合风格和时代风尚风格，其中时代风尚风格又分为三个样式。

针对施工队，规范老建筑修复工艺流程、施工方法，面向施工方形成实用型修缮导则。结合具体项目形成一套可复制、可推广的老建筑修缮工艺流程及施工方法。以墙面修复为例，修复工艺涉及针对不同墙面受损情况采用不同方式，包括水洗石墙面、青砖墙面、涂料墙面、石灰砂浆墙面、风化墙体的修复、瓷砖墙面的修复。通过对老建筑修缮，积累了老建筑修补屋顶、修复灰塑彩画、修复青砖墙面、解危加固等的工艺流程、施工方法，保证了传统风貌建筑的修缮水平。

持续管理——新建建筑样式引导

积极引导雍陌村将历史村落保护内容写入村规民约，通过村组干部、党员、热心村民自发加强对历史保护的自我监督、自我管理，切实强化对村落内公共区域、村组道路和宗祠等富有历史记忆的老建筑的保护工作，并不断提高村民对自家老宅或新建住房风貌控制的自觉性。

2-92　雍陌民居三风格五样式

美宿·雍陌

亮记冬瓜酥

美宿·雍陌

ARTIST

雍陌食店

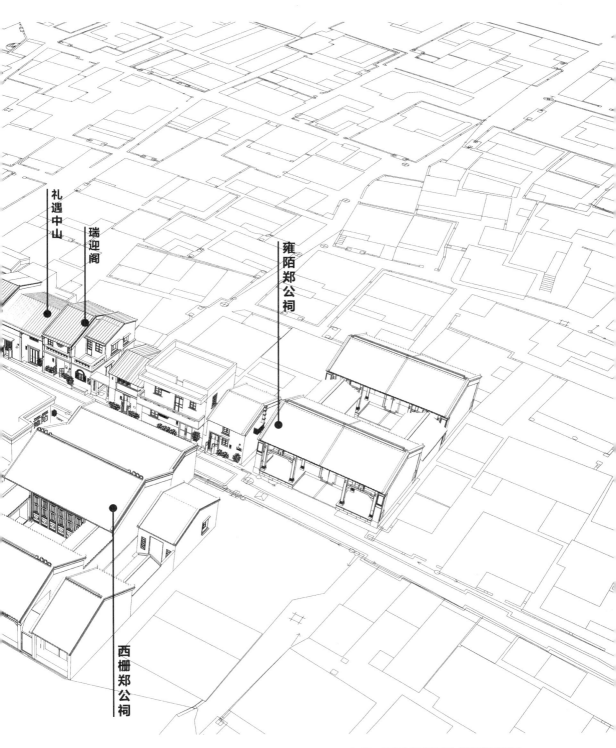

礼遇中山

瑞迎阁

雍陌郑公祠

西栅郑公祠

2-93　雍陌村老建筑功能活化示意图

通过乡规民约推动村容村貌的持续改善，充分发挥村规民约在实施乡村振兴中的积极作用。雍陌村的村貌乡规民约主要涉及建筑高度与建筑体量控制、公共设施与绿化环境维护、自然资源与文化遗产保护、建筑风貌管控及停车管理等方面内容。

第三章

林氏宗族安堂村

第一节　松木公，椒木叔，木木成林皆公叔

林氏宗族聚居

"松木公，椒木叔，木木成林皆公叔；崇山宗，岐山支，山山叠出亦宗支"。此联为清朝道光状元林召棠所撰，悬挂于安堂林氏祖屋祠堂中厅两侧。

安堂村位于西江、岐江两江汇流，卓旗、凤凰两山环抱之处，前有广袤农田，兼有鱼米之获。整个村域面积8.5平方千米，其中约24公顷的古村历史风貌保存完整，村落依三条大街横向展开，与南文、岚田绵延成带，"堡-街-里-巷"特征明显，是典型的岭南宗族聚落。

唐朝末期，高祖林披公居福建莆田，生于显赫官宦之家，先后娶夫人郑、陈、朱氏共生九子一女，此九子与一个女婿都高中科举，被誉为"九子十登科"。据安堂村《林氏族谱》载，元至正二十六年（1366年），安堂三世先祖林玄兴从斗门马山离家，初到龙眼都林边塘，再转小洋，来到后门山东南处，与南文村蔡姓、萧姓共居一山。后繁衍成村于龙眼田边，初名龙兴村，寓意兴旺发达。明洪武元年（1368年），林氏族人明代新会大儒陈白沙游历到此，应村民求赐村名，其见村内"明堂广浩"，祈盼村民生活安定，故改名安堂村。自玄兴公来到安堂开枝散叶、后裔蕃昌后，至今已有650多年，现在村里常住的林姓人口已超过5 000人，成为名副其实的林氏家族聚居村落。

林氏家族世代崇文重教，人才辈出。安堂林氏子孙，无人不识先祖"十德"修身警言。"仁、智、义、礼、乐、忠、信、天、地、德"，这就是安堂

3-1 林氏宗族族谱

林氏族人信奉的修身戒条。"十德"的根源可以追溯到战国时期林氏先祖林皋。当时，林皋在赵国担任宰相，"十德"便是进谏赵王贤明治国而提出的。除了从先祖林皋继承的"十德"警言，玄兴祖定居大涌安堂后，也为后人编写了一份四十八字家规："国法当守，家规当尊；师尊当敬，交友当正；处世当明，业当勤俭；族谊当敦，嫁娶当慎；教子有方，公物当爱；祭祀当诚、宝藏谱牒。"

各具特色的祠堂与保存完整的石板街

安堂是中山最典型的宗族村落，原有公祠22座，现存13座，均建于明清时期。林氏宗祠、南圃林公祠、碧宇林公祠、居易林公祠、正已林公祠、处善林公祠、麦峰林公祠、映寰林公祠、星池林公祠等祠堂集聚在双桂大街、子午巷、长堤街沿线。13座祠堂各具特色。林氏宗祠三间三进、龙舟脊、素胎瓦当、花鸟木雕檐板、山墙内部由蚝壳砌成。麦峰公祠的石雕、木雕，映辰公祠的灰塑，星池公祠的木柱对联，居易公祠的博古脊、蓝色琉璃

3-2　林氏大宗祠

3-3　安堂古村格局

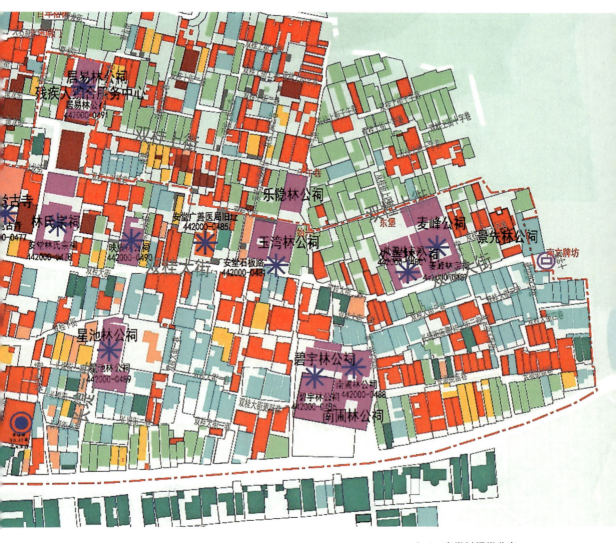

3-4 安堂村祠堂分布

瓦当、北极殿四角亭的木雕金龙等代表了安堂的建筑艺术之美。除宗祠外，现存广府民居、中西合璧的侨房、岭南民居约600多座，都散发着明清岭南古建筑文化的余韵。

安堂村古村形态和石板街保存完整，双桂大街是香山三大墟市之一——大涌墟的一段，长1 000多米，由三列老石板铺砌而成，沿街传统岭南民居和西式风格的华侨屋比邻而建，曾经的热闹喧嚣至今仍能在金器店、理发店、医局中寻见端倪。围绕双桂大街形成了鱼骨状的街巷肌理，进而演化成较为完整的村落结构。从上空俯瞰安堂，建筑鳞次栉比、古朴别致，仿若一幅浑然天成的写意画。

全国红木基地的诞生

大涌镇是全国四大红木基地之一，拥有长约7.5千米的红木家具一条街和大量的工厂，两侧的红木家具店鳞次栉比，巨大的招牌显示着这里的龙头地位。20世纪70年代末，有大涌红木家具"祖师爷"之称的安堂人林新活，从修理旧家具起步办起了大涌第一间家具作坊。随后由林华奕、李建程、林卓荣、林国云4人筹集资金合办的大涌第一间家具厂就诞生在安堂村西，这就是如今的大涌红木家具产业集群的初始阶段。

经过50余年的发展，如今的大涌镇已形成了集研发、生产、展销为一体的完整红木家具产业链条。但发展的另一面是城市空间破碎，典型的"工业围村"格局，安堂古村落周边被工厂包围，阻隔了乡村与田园、山水之间的关系。

3-5　安堂木雕

户籍人口

安堂村户籍人口约5 500人，虽说是林姓聚居（林姓占户籍人口的86%左右），但本地的林姓族人也慢慢地搬离了安堂，真正住在安堂村的本地人只有2 000余人。空出来的房子大部分租给了附近的家具厂、服装厂的打工者，住在安堂村的外来人口有6 000余人，三倍于本地户籍人口，衍生的出租屋消防、治安、卫生、乱搭建等问题对社区管理来说都是很大的挑战。

改造思路

安堂村是2017年中山市美丽城乡精品村6个创建对象之一，并获市财政投资用以改善村内部分基础设施。2019年安堂村被住建部列为第五批中国传统村落，团队完成了《安堂社区保护利用规划》的编制工作，同期中山市

3-6　安堂保护更新效果图1

正在大力推进城市更新工作"村改"，已有开发商对安堂村进行"村改"意愿调查，改造范围是各方都关注的问题，团队非常担心安堂的古村肌理会因资本下村而遭到破坏。2020年12月，中山市副市长视察安堂村，我们按照已完成的保护利用规划的设想在祠堂中做了布展，详细地向副市长介绍了要整体保护安堂村，并将安堂与大涌红木产业结合打造全国红木文化体验示范区，开展村落保护活化和乡村振兴的设想。副市长对改造思路非常支持，并表示亲自挂点安堂村，要严格保护、精心设计。

安堂村公共空间很少，以小街小巷、鳞次栉比的祠堂、广府民居为主要特色。屋顶接着屋顶，房檐挨着房檐，空间辨识性不强。在改造之初我们就想要找出入村口，把入村的形象树立起来，再在村里找几条比较有代表性的街巷，形成一个有文化氛围的小街区，再逐步开展祠堂、医局等代表性传统建筑的修缮，以小见大逐步实施。

3-7 安堂保护更新效果图2

提升入村形象

安堂村是中山古村落中保存最为完整的村落之一，遗憾的是"工厂围村"让这颗明珠湮没在众多的厂房之中。进村道路两侧布满了"下厂上居"的服装、红木工厂店，设计上第一个要点是为安堂找出一条新的入村路，整治两个入村的节点，把人引进，提升入口的整体形象。在调研的过程中，我们发现了紧邻池塘边有一条南北向水杉路，夏日阳光洒下点点斑驳，显得那么幽静。顺路向北约200米，可到达安堂与南文村的分界点——一棵大木棉树。当下我们团队决定要把这条水杉路和塘边整治改造为安堂的入村空间，围绕大木棉树作为村西的广场。

另外一条入村的路叫九龙门大道，两侧广布村民日常所需的超市、商店、饭店等，穿过九龙门大道就是安堂社区村民委员会办公大院，面积有1 000平方米，日常作为村委会办公人员停车场在用。通过与村委会的协调，村委会同意了我们把村委会的围墙和停车场打通，改造为村民广场，这样便形成安堂的另一处入口节点。

以空置房屋为突破口，祠堂为特色，打造三街十巷核心区

安堂村传统风貌建筑集中的区域有24公顷，设计依然需要找出一个突破口。

双桂大街串联了林氏宗祠等众多祠堂，双桂大街、长堤大街、双桂下街也是空置房屋较为集中的区域，特别是双桂下街，空置率达60%，愿意交给村委会统一运营的占到了90%。所以，我们选取了双桂大街、长堤大街、双桂下街以及相互连通的十条小巷作为安堂近三年乡村振兴的重点实施范围，并将双桂下街作为2021年启动项目。希望通过乡村振兴，在改善基础设施、公共环境的基础上，还能活化这些空置房屋，引入文化旅游产业，提升村集体产业。

24公顷范围内除空置房屋外，祠堂、民国的医局、粮仓、侨房等也是修缮的重点。但重点建筑的修缮费用高昂，一座祠堂的平均修缮费用200

万—400万元不等，乡村振兴的费用不足。团队便与文物修缮工程公司一起开始了"解危—轻修缮"的尝试，希望能以较小的资金先对这些遗产进行解危加固，清理病害部分，再借助社会力量进行进一步的修缮和活化利用。

第二节 文武广场与木棉广场

在安堂村南侧，有一条东西向近200米长的街道，街道的东侧尽头有一棵偌大的木棉古树，每年春季三四月份，木棉花盛开，冠幅近20米的红色木棉给人以生机、希望。一棵木棉树定义了它周边的空间和广场，人们称之为木棉广场。街道的西侧起始是历史建筑文武馆，文武馆面前是一片30 m×40 m的广场，显得气势恢宏，人们称之为文武广场。

一头一尾两个广场相隔200米，给这条街道赋予意义，也让团队对这条街道和两个广场产生了浓厚兴趣。在团队介入之前，文武广场和木棉广场已开展过一轮乡村更新，文武广场地面换了石材，广场前加了一些铜像文化雕塑，木棉广场上增加了一些壁画，换了地面铺装，同时也放了一些铜像雕

3-8 木棉树

141

3-9 文武广场、木棉广场改造前

塑。新加的景观小品与安堂"十德"文化、祠堂文化相关，基于前序实施，我们该如何处理？

　　设计伊始，我们展开广泛讨论，提出要拆除现有的雕塑和铺装，取消路边停车，将车行道转化为人行道，引人入村。但是这些想法都与村委会意愿有一定背离，前序施工的推翻意味着一定程度上的浪费，停车位取消则减少了村集体的收入来源。带着一份坚持，我们开展了第一轮设计，在文武广场上加入了铜板地刻的元素，把童试、乡试、会试、殿试的历史背景和安堂"明堂"融入铺装，还将铺装用不同深浅、不同质感的石板做了划分，给现有乔木做了精致的岭南特色的青砖花池。在木棉广场上，我们以木棉花寓意"爱情"作为灵感，给广场的铺装做石材切分，划出不同大小、不同样式的木棉花铺装，引导着游客从文武广场一步步走到木棉树下。在整体的设计上我们融入了钢构木棉花、耐候钢板景观墙、景观花池、草坪文字灯箱、墙面文字招贴、健身器材等不同的小品。我们再用铺装景观把两个广场串联起来，形成丰富的场景。

　　设计完成后我们发现，内容确实丰富了，各式各样的铺装、景观文化要素都融入了设计。但是从本质上来说，村民互动性和参与感仍然不够，并没有达到一眼见设计，两眼见立意的目标。

3-10　文武广场设计方案

3-11　木棉广场设计方案

　　在第一轮方案自我否定后，团队认为构建完整的景观体系比强化街道主题更为重要。于是设计着重加强文武广场、街巷、木棉广场三者之间的关联。原本分散的景观以一条4米宽的铺装道进行串联，从鸟瞰的几何构图上，增加了一街两广场的联系，同时化繁为简降低施工难度，避免冗余。在铺装材质的选择上也着重进行了精选，仅保留老石板和马蹄石两种铺装材料，通过横铺、纵铺、"人"字铺等不同形式进行组合，在材质质感相差不大的前提下丰富细节。装置艺术上设计进一步优化，原本耐候钢板的景观墙、草坪文字、爱情符号的雕塑被取消，保留并增加了青砖、宝瓶元素景观进行点缀，强化乡村景观气质和特性。

　　在立意上，考虑城市建筑景观与乡村振兴本质上的不同。城市中的地标性建筑更关注的是文化和概念，比如：上海世博会的中国馆以斗拱为中华文化的载体，广州"小蛮腰"以其独特的形象作为形象IP而闻名，而乡村建筑和景观更强调在地性和内收的文化气质，关注村民的参与性和使用的便利。设计弱化了文武广场的"金榜题名"概念和木棉广场"爱情之路"概念，反而是专注于通过在地化设计强化乡土气息。为更好地营造街巷空间，由村委会出面与街巷一侧的工厂进行商谈，围墙退让2米—3米增加公共空

总平面

廊亭透视图

木棉广场透视图

3-12　文武广场、木棉广场第二轮设计方案间。借助这2米—3米空间，设计强化了高差处理，形成了多样化的休闲和活动空间，让两个广场和整段街道更有生活性和烟火味。

第二版的方案得到村委认可后，针对落地性，团队着手开展方案的深化和细化。

在现场实地勘查街巷所做绿化后发现，不少绿化挡住了村民的院门，不少铺装和建筑之间的对位关系也稍显奇怪，这些在地形图上是反映不清楚的，只有通过对着图纸现场实地一遍一遍地摸排才能辨认得清。

乡村振兴不能只做景观，这是团队自参与村建项目伊始便达成的共识。为与景观做呼应，我们对周边建筑立面和围墙进行了整体的整治，对传统风貌的房屋保持修旧如旧的风格，对新风貌的现代房屋更换立面材料，做现代化的立面装饰，形成建筑与景观相配套、相协调的整体风格。

标只系统也成为安堂村的一大亮点，区别于传统中式的乡村标识系统。设计用一些现代别致又不失乡土韵味的标识系统作为主调，并覆盖草坪LOGO、标识牌、杆灯、指路牌。安堂村LOGO既有以红木座椅为原型，又有以传充建筑为设计立意，构建了一整套完整的标识系统。

项目的落地往往存在很大的不确定性，这对驻村规划师来说是一个很大挑战。文武馆及木棉广场的铺装原定为全铺老石板材料，但是预算价位过低，导致施工队选用的石板质感一般，使得木棉广场的效果未达到预期，此乃一大遗憾。最终团队通过在广场上增加景观平台、夜景灯光、标识系统等，以此来提升广场整体质量。在施工过程中，第二个不确定性是木棉树下的土地庙。木棉广场与南文村交叉口正中间的位置有一处土地庙，听老一辈的人说，在他们小的时候这座土地庙就已经建成在这了，约有上百年的历史。设计之初考虑到土地庙阻碍交通出行、易形成视线盲区，方案将土地庙更换了位置。经村书记与居民多次沟通、协调，并请风水大师进行勘地，找合适的位置安置土地庙，这才打消了居民的疑虑，并将土地庙挪位。费孝通先生在《乡土中国》一书中写到，乡村是一个"有机的团体"，是礼俗社会，一种由非目的性而组成的聚落。这在安堂村得到典型的印证，村书记常说的

3-13 木棉广场周边建筑立面设计

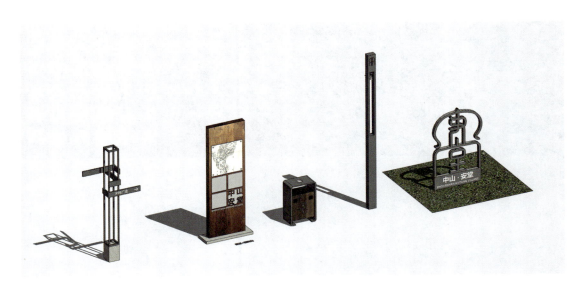

3-14 标识牌设计

3-15 安堂文武馆实施效果

3-16　木棉广场实施效果1

3-17　木棉广场实施效果2

3-18　毗邻的安堂村与南文村

是"村里都是熟人，打个招呼就是了，我来解决"。也正是乡贤的支持，和村民沟通才变得更加高效便捷，工厂主动退让空间，土地庙得以挪位，设计按照我们理想的方式展现了出来。项目落地后，一棵大木棉下的广场也确实成了附近村民最喜爱的休憩场所。

第三节　双桂下街

双桂下街的石板有上百年历史，三条老石板竖铺于街巷中央，花岗岩收

安堂村委会

边。竖向的老石板作为分割，古朴的街巷叙事感扑面而来，空间上也形成了视觉的延伸。2米—4米的街巷宽度，尺度感刚刚好，适当的曲折也强化了空间丰富性。漫步其间，宛若走在时光长廊，听街巷和民居讲述安堂的故事。

鉴于石板街巷的完整和古朴气息，双桂下街的改造重点就聚焦在两侧建筑上。在岭南巷的大调子里，如何构建好传统风貌建筑与周边的有机联系是修缮重点。设计师构建了几大类建筑的修缮方向，老青砖及石灰砂浆面层的传统风貌建筑以恢复老青砖墙面为主，保护灰塑、墀头及彩画等历史要素，

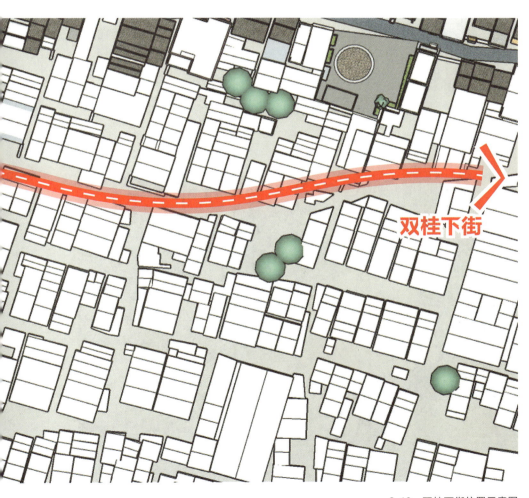

3-19 双桂下街位置示意图

现代工艺无法做到十全十美复原的，需进行简单清洗。对于20世纪80年代水刷石面层、马赛克贴面的建筑避免一刀切，以清洗和重饰水刷石、马赛克面层为主，实现立面材质新生。2—3层的瓷砖贴面现代建筑通过将铁质门、钢质门、铝合金门、铝合金窗更换为传统木质门窗等细部构建复原手法，实现新旧协调。

墙体修缮

虽然做了较多准备，在施工第二天双桂下街就出了大问题。对建筑立面进行修缮的第一步是清理墙面，由于缺乏古建筑修缮经验，施工队将下街三分之一的围墙面层一次性凿开，而且机器开凿力道无法控制，部分砖墙被磨坏，红砖墙、风化极其严重的青砖墙、三合土墙面、被凿烂的青砖墙面全部裸露出来。市政府紧急召集专家进行现场研判并表示"如因为修缮而破坏了安堂村，我们就成了千古罪人"。我们也赶紧立下军令状，一定要把安堂被磨坏的墙面给修回来。

3-20　在双桂下街和施工队现场沟通

鉴于雍陌的墙体修缮已有较好的呈现效果，团队立刻组织安堂施工队前往雍陌学习，明确青砖墙体修缮是一事一例，而非简单粗暴的全部打磨。针对传统老青砖面层的改造主要为修复风化墙体，适当增加灰塑线条，破损墙面和灰缝修补尽可能保留年代特色。遇到铲除石灰浆层或瓷砖贴面后外露的红砖墙面及三合土墙面时，因内部砖体灰缝过大，风化缩砖过于严重，需一事一议明确是否适配老青砖贴面或者水刷石墙面。遇到墙体出现严重裂痕及倾斜的情况时，改造设计手法为重新砌筑青砖墙面或者水刷石墙面，增加窗花及灰塑线条做装饰。

经过长达几周的驻村整改，在设计方与施工方的合力下，磨坏的墙面被逐步修复，传统工艺贝壳灰砂浆得以保留，部分20世纪80年代的水刷石、具有年代特征的瓷砖贴片也完整呈现，整体街巷呈现了古风新韵。

小塔楼：下街的一抹亮色

从传统街巷里保留不同年代的历史印记角度出发，设计充分尊重下街端

3-21　小塔楼改造前后对比

头的水刷石"小塔楼"，并希望通过蓝色水刷石墙面进一步强化建筑标识性，传递不同年代的历史感。"渐变水刷石"是一个全新做法，施工队也认为施工很困难。蓝色水刷石粒子的寻找并不顺利，作为一种非标准的水刷石颜色，只能通过老工匠手动调色，虽打样了几十次，但是仍未达到设计最初的效果。随着工期临近，团队最终不得不降低预期，以浅灰色渐变水刷石作为替代方案。

村民广场

下街的起点是村委会大院。几棵参天大树立于广场内，树下为停车场地，是村委会仅有的停车空间。这一空间实则被铁栏杆包围，化封闭为开放、减少停车空间是设计的核心思路，也得到了村委会支持。

"如何定义这一处广场"在设计过程中引起了广泛的讨论，岭南公园、下沉空间、现代公园都纳入了思考范畴。经过多轮讨论，设计采用了"田园之丘"的概念，构建了4处立体绿坡，绿坡宛如被拉起一角的丝巾，呈自然弧线。绿坡边缘用青砖构筑，既限定了广场，又形成可攀爬的空间。田园之丘的中央正对村委会大楼，构建成不规则的公共通道。

竹林广场

竹林广场是一处20米见方的小广场，位于下街尽端，星池林公祠的东侧，原有一个小门和祠堂联系，现已封闭。幽静、私密是这个广场给人的直观印象，宛如村落内的世外桃源。穿越青砖砌的石门进入广场，右手边为一口古井，抬头还可以看到星池林公祠的屋檐，前方为房屋坍塌后遗留下的斑驳墙体和墙洞，一两栋建筑现已空置，茂密的竹林随风摇曳，静谧感扑面而来。

广场设计保留了坍塌的墙体、石井，把重心放在空置建筑的改造上。建筑因久未人居，已经破败不堪，屋顶瓦片及外墙大多已脱落。但作为最早一批安堂传统风貌的建筑，具有较高的保留价值。考虑建筑破损过大，难以修复，设计在保持现有建筑格局前提下，利用老砖瓦，进行重新搭建。缺失的

3-22 村民广场改造前后对比

3-23　村民广场周边建筑改造前后对比

门窗和局部已经拆毁的部分，采用原有门窗和建筑的规格与样式来进行修复，延续传统风貌。

景观方案采用更理性、朴素的手法来划分出铺装路、广场和绿地，乔灌木围合出广场边界。材料上广泛使用老石板、花岗岩、马蹄石等乡村振兴普适性的铺装材料，营建一处乡土空间。

3-24　竹林广场改造前后对比

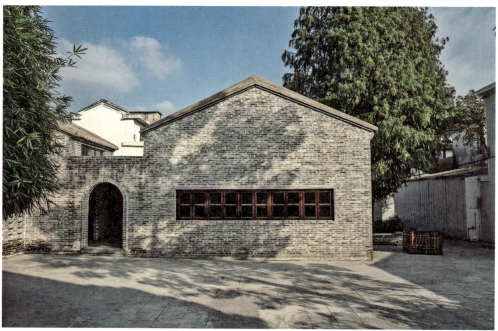

3-25 香山书房的改造

双桂下街街景

局部的效果不代表整体最优，除街巷修缮和立面改造外，街景的空间序列、步移景异的感受是街巷空间营造的重点。基于视线对景的分析，我们对下街重要节点开展了整体设计。

下街上的老人活动之家原为一栋二层楼的岭南传统建筑，疏于打理，杂草丛生。设计保留庭院内的古树，与草坪、老石板广场、亭台相得益彰。保留原有建筑的墙面和屋顶，更换局部破损的瓦片、外墙砖、门窗，室内加固，拆除建筑前广场上的围墙，改用竹篱和矮墙，营造若隐若现的视线感。

双桂下街32号和34号为两栋岭南大屋，设计重点开展了外立面修复，沿用建筑面层采用的贝灰砂浆（内部掺杂了桐油、糯米等材质）。修缮后的建筑由村委会收储，进行内部装修改造为民宿，并于2021年12月举办了大涌安堂示范民宿揭牌仪式。

灰塑和壁画的修复也是下街的重要工作。双桂下街111号壁画被一层黑

3-26　安堂文旅公司改造效果图

3-27 民宿的改造

3-28　两层壁画的修复

3-29　公巷的恢复

3-30 搭建的拆除

3-31　庭院改造效果图

3-32 龙眼树公园的改造

色桐油遮盖，引发了设计团队多次猜想，究竟桐油下是什么？施工队使用化学药剂清除桐油后，映入眼帘的是一幅完整的明清时期壁画，壁画上的动物栩栩如生，宛如要从墙面一跃而出。

节点的第二大类为街头游园。龙眼树公园是双桂下街南侧的一处空地，现状大抵有10棵龙眼树，根系高度较高，大多覆土已经高于路面一米以上。为实现最小影响的改造，设计围绕10棵龙眼树展开，绿地抬高到一米高度，与树木根系同标高，铺装则降低到与双桂下街同标高。绿地与铺装之间一米的高差通过弧形的挡土墙予以消解，挡土墙一侧增加座椅、渐变高度的树池、不同高度的台阶，将龙眼树公园打造为一个"地景"空间，成为双桂下街一处较具特色的休憩空间。

3-33　粮仓的修缮效果

3-34 实施改造后的双桂下街街景

第四节　广善医局

民国医局

安堂广善医局整体坐北朝南，南临双桂大街，西近林氏宗祠和大觉古寺，是一幢二层中西风格结合的外廊式建筑，为中山市不可移动文物。对于广善医局的历史沿革，普遍认为其修建于民国年间，由旅居檀香山的乡亲和村民们一起捐资而建，曾有大涌名医高灵石、林德康等坐诊。1957年前后曾短暂成为中山县公安局红专学校、安堂民办小学所在地。1970年至2002年成为安堂卫生所所在地。由此可见，广善医局建造伊始，便作为面向安堂村村民服务的公共设施对外开放，并且延续至今。有别于作为宗教用途的庙观、作为家族公用的祠堂，像广善医局这种出于公益目的、服务大众的开放式公共设施，在中山的历史村落群中相当少见，具有非常高的历史价值及社会价值。

三重历史的叠加

经由村落老人的口述历史所知，医局原址为一祠堂，医局由该祠堂改建而来，当地邀请了有名的建筑师设计、改建。据传在澳门也有一栋医局采用了同样的图纸方案建造，整体式样、格局均相仿。这段关于医局建造的历史因时间久远、原始资料缺乏而变得难以考证。然而，得益于东、西、北三面裸露的砖墙立面，作为其原址的祠堂，确系可以证实。通过对广善医局的立面及内部的仔细考证，我们发现现存的广善医局，其实存在三重历史的叠加。

第一重历史为原祠堂旧址残留。主要为一层的青砖空心墙及室内的四根立柱，以及西侧的耳房部分。该部分保留的墙体均由青砖砌筑，同时室内的雕花石柱式样与同时期的祠堂建筑内的石柱式样一致。耳房有一个青砖砌筑的拱门，推测为祠堂时期的巷弄侧门或通向后院的侧门。目前该拱门整体被青砖填实，这也进一步证实了我们对广善医局存在多个历史层次堆叠的推测。

第二重历史为广善医局建造的本体。该部分延续了祠堂原三开间的格

3-35 广善医局局部

局，将祠堂的坡屋顶削去，上部增建一层，上部的建筑由红砖建造，因此可以在裸露的东、西、北侧立面上看到与祠堂青砖部分清晰的区别。南侧增建有中西合璧风格的外廊作为其最重要的形象部分，二层外凸阳台以及山花都由优美的曲线构成，整体立面与有条不紊的、有节奏感的曲线融为一体。柱廊造型大致可以分为三段：楼底基座、楼身柱廊、屋顶山花。

楼底基座为整石雕刻几何造型，上以麻石铺地及台阶。楼身柱廊部分，整体呈中轴对称分布，底层立柱为传统样式雕花石柱，上刻有"广""善"二字的藏头对联。两根立柱及墙面侧方有水刷石修补的痕迹，可以推测原先底层柱廊样式可能与周边祠堂入口一样，立柱和山墙之间有装饰石枋，后因某些原因缺失。底层墙面及柱廊外墙面均为错缝的干粘石分隔，窗框、柱头、二层柱头檐口均为简洁的几何装饰造型，具有一定的装饰主义特征。底层的门窗保存完好，窗户为满洲窗样式，镶嵌红、黄、透明三色钻石玻璃。入口处的门框与广府地区民居的石制雕饰门框无二，然而门扇却不是传统的趟栊门样式，而是采用了双扇平开的式样，对应其开放式的公共属性。

屋顶山花高约3米，有西式风格特征，上有盘曲的弧线、卷草舒花以及缠绵盘曲的葡萄藤式样的灰塑装饰，并有一楼额，上有繁体题字"廣善醫局"。广善医局建造时，楼板、屋面均采用混凝土结构，室内整体敞开无分隔墙体。建筑首层上二层设有L形的木质楼梯，二层上屋面平台为木质的直跑楼梯。室内地面主要为水磨石地面，为当时民国时期公共建筑和高规格的私人住宅中所常用。屋顶由混凝土梁分为九宫格布局，内有石灰线脚装饰及圆形灯池的装饰。

第三重历史为后期加建。主要集中在后院的单层房屋和西侧的耳房底层等部位，均为后期因为使用功能调整而进行的局部增建。

通过对广善医局多层历史的叠加关系的梳理，使得我们对其背后的历史价值、艺术价值、科学价值及社会价值有了更清晰的认识。作为安堂村公共医疗卫生事业发展的起源地，这里是安堂村历史景观中重要的组成部分，具有特定历史时期的时代特征。广善医局与安堂村别的建筑以及传统文化遗产一起，共同构成了当地历史文化的物质基础。

3-36　广善医局周边现状

3-37　广善医局修缮方案效
　　　果图

3-38 广善医局修缮室内方案效果图

3-39 广善医局周边改造方案效果图

3-40　广善医局与祠堂间的农房现状

3-41　广善医局与祠堂间的农房风貌整治方案

3-42　广善医局与祠堂间的农房风貌整治实施效果

3-43　便利店现状及改造效果

3-44　旧食堂现状及改造方案

新医局的重生

　　岁月变迁，长期风吹雨淋，广善医局建筑内外出现不同程度的损坏，为了恢复广善医局的建筑风貌，需要对其进行保护修缮。修缮严格遵循文物修缮的原真性、可识别性原则，以康复性修复手段，对广善医局进行全要素的修缮与更新，回复其历史风貌，同时保留其历经沧桑的岁月痕迹。修缮也作为安堂村整体乡村振兴中的一环，基于在"开发中保护，在保护中开发"的原则，修缮后的医局将继续为安堂村医疗健康事业提供空间，促进文物活化用，传承百年历史的诊疗功能，赓续其"面向公众、服务村民"的历史宗旨。

3-45　广善医局改造前后对比

第五节　安堂古村改造小结

古村保护振兴需要多方合力

安堂古村落面积大，拓宽资金来源非常重要，2021年和2022年市级财政资金各投资1 500万元用于建设，同步积极招引社会资金进入，多方合力建设乡村。在政府推动下，效仿雍陌模式，国企、镇区、村委会三方合资成立了安堂文旅公司，其中：中汇集团占股60%、安堂村委占股35%、大涌镇政府占股5%。2021年安堂文旅公司投资280万元开发了一栋民宿，目前已对外营业。

建立信任的重要性

在信任建立之前，我们团队的工作是较难推进的。改造范围内私人产权占主体，与居民的协调难度大。由于设计时难以做到逐户征求意见，且每户居民之间的意见也不尽相同，施工过程中，又会出现居民要求修改设计方案或者不同意我们的设计方案等情况，我们除了通过村委会工作人员和居民一遍一遍地解释之外，也需要面对面地和居民沟通。我们发现了一个规律，每天晚上七点左右是大家吃晚饭的时间，街坊居民都会在街巷里坐着聊天，居民也会热情地招呼我们吃饭，这时候我们就和居民们解释我们的设计意图，让他们相信我们是为了让大家的环境变好，让整个村子变好，慢慢地居民们开始信任我们，逐渐有居民愿意接受我们的方案，我们让施工队赶紧施工，做出示范，其他居民看到效果后，也就同意我们的设计方案了。

3-46 老屋改造后的中山美宿·安堂

3-47　设计团队与安堂村民沟通

微空间设计的重要性

　　对于安堂村而言，建筑密度大，街巷是居民日常活动的空间，设计师们没有可以大笔一挥的空间，常常高墙后隐藏着废弃的鸡舍、堆满了垃圾的院子、半倒塌的房屋等，其实这些小空间才是切实可以利用的微空间，从几平方米到几十平方米，这些空间经过打理成为村民日常休闲、聊天的地方。

　　另一种微空间的设计是院落。由于老房子内部没有厕所，居民大多在院子里搭建厕所，或者把整个院落用铁皮搭起来，方便晾衣服。如果是群租，还会在院子里搭建厨房、卧室，围墙多为2米高，搭建的房间一般都高出围

3-48　安堂微公园效果图

墙，致使在街道上看到的都是围墙和各种颜色的铁皮棚，把精美的民居都挡住了。为此，我们根据每户的需要，逐个提出了设计方案，总体原则是不能影响街道的景观。

一棵木棉树守护两个村

从卓旗山到岐江河，岚田、安堂、南文、大涌村相互绵延，很难分出村界，安堂村木棉树下的广场改造后，跨越安堂和南文的界限，成为两村共享的公共空间。木棉树下两村间交界处各自用了不同颜色的石头铺装做了"标记"，木棉广场共同成了南文村、安堂村共享的入村路和入村广场。每到傍晚，两个村子的居民都聚在这里，一棵木棉树守护两个村。

安堂古村改造的效果

村委广场建成后就成了村里孩子们的乐园，村子里太缺公共空间了，孩子们在这里打闹、嬉戏，除了上学时间，这里都挤满了孩子，孩子们的笑脸是我们最大的欣慰。同时村委广场也成为游客们约在安堂的地标。

双桂下街的改造效果较好，一条古朴的岭南街巷完整地呈现出来了，拆除搭建、整治不协调建筑、修缮老房、增加街头绿地的设想基本都实现了，186米长的双桂下街现在开出了一家民宿，预留了一家咖啡店的位置，新增了4处街头绿地，修缮了54栋老房子，这些房子村委会都已和居民达成了合作意向，由安堂文旅公司进行统一招商和运营。

竹林广场上的危房已经基本按原样进行了复建，引进了香山书房，在这样一个清幽的小院子里未来将书香四溢。竹林广场的夜景也吸引了很多居民晚上前来，将来还可以打造文创市集。

广善医局的修缮整合旁边的东堡老人活动中心、对面废弃的厨房一起改造，恢复历史上医局的功能，请了安堂的老中医回来坐诊，老字号逐步恢复中。

文武广场与木棉广场的预期效果并未完全实现，村民不同意整体取消文武馆的停车场，设计的文创走廊只实现了一半。木棉广场建好以后，夜景灯光吸引了周边的居民，摆满了晚市。粮仓已经修缮好，未来想要打造成为安堂的艺术展厅。

乡村改造中人的因素

在乡村改造的过程中，每一位参与者对改造都会起到关键作用。安堂有一位会施工的村书记，通过他的带领，村里的总收入大幅度增加，村民人均年收入由2万元提高至2.8万元。在施工的过程中，每天早上，我们都习惯性地先去书记的办公室，在村书记带领下走一圈工地，做村民工作，指导工匠施工，进行现场调整，很多问题也就迎刃而解了。

安堂的老建筑灰塑彩画艺术价值高，改造中最大的难点是找不到好工匠，传统匠人越来越少，所幸改造过程中遇到一位老灰塑匠人（他做了一辈子灰塑彩画工作），这些老房子装饰的修复才得以保证品质。

第四章
"粤乐宗师"和"飞将军"
故里大环村

第一节　三十四座碉楼

大环村建于元朝末年，由渔村演变而来，至今约有600多年历史。由于靠近横门水道，常有外敌入侵，碉楼应运而生。村落东北倚华佗山，小隐涌绕其西南，依山就势，傍水而居，故名大弯村，后易名大环村。立村之源在村中心的石鼓公园，原是几块形态各异的大石头，大石鼓以西古时为广阔谷地。结合山水地势，通过东、南、北卡和34座碉楼形成自然与人工的完美安防体系和村落天际线，逐渐勾勒出大环村独具特色的整体风貌和格局肌理。

碉楼作为中国乡土建筑的一个特殊类型，是一种集防卫、居住和中西建筑艺术于一体的多层塔楼式建筑。中山碉楼数量众多，主要分布于火炬开发区、东区和南朗镇，也就是旧时的"东乡"地区。以火炬开发区白石仑山周边大环、五星（萌尾、白庙等）、江尾头等村落为最。沙边村有62栋碉楼，数量最多，但说到碉楼的艺术精美，大环村是首屈一指的。碉楼是大环华侨的桑梓之情，也是大环村最亮丽的风景，以自卫楼、蓝碉楼、红碉楼、松鹤碉楼、东卡哨楼为代表，大环碉楼装饰艺术价值高，保存亦相对完好。如红碉楼，外墙为红色石米，内部黄、绿中式装饰，盖绿琉璃瓦，门额镶嵌"柱庐"牌匾，露台建有六角攒尖亭，为"振发公司"所建。

抗日战争和解放战争时期，大环村民积极参与保家卫国的多场战斗。石鼓公园的烈士碑，碉楼上累累弹痕，静静诉说着大环村民抗战的英勇事迹和

4-1　大环村航拍图

4-2 华佗庙

4-3　蓝碉楼

4-4　红碉楼

4-5　松鹤碉楼

4-6 蓝碉楼灯影花

4-7 窗楣灰塑

14 名烈士的故事。抗日烽火熊熊燃起，碉楼依然无惧屹立，给战士和村民坚强的庇护。为铭记它们的功绩，部分碉楼获得"抗日堡垒户"的荣誉。

第二节　吕文成和张惠长故居

"乡村振兴看文化。因为吕文成先生，人们记住了大环村。《平湖秋月》《步步高》奏响中华大地，要把这篇文章做好、做出文化。"2022 年 2 月 2 日，中山市市委书记郭文海在大环村调研乡村振兴工作时强调，要加强设计策划，把大环村的名人文化充分挖掘、展现出来，让游客来到这里可以欣赏到吕文成先生的《平湖秋月》《步步高》等名曲，了解名人事迹和作品创作的背景，打造名副其实的"音乐之村"。

"粤乐宗师"吕文成是大环村最重要的名人，清光绪二十四年（1898年）出生的吕文成本姓杨，因过继给吕姓人家而改姓吕。自幼学艺，11 岁已会演奏二胡，青年时代尤其擅长二胡和扬琴，在高胡上首用钢丝弦，并将琴筒夹于膝间演奏，形成发音高亢明亮、音色绮丽华美为特点的"粤胡"演奏法，并运用二、三把位走指法和滑指法进行演奏，从而增强乐器的表现力，使高胡成为广东音乐和粤剧伴奏独具一格的主奏与独奏乐器，极大地促进了广东民间音乐的发展。1932 年，吕文成离开上海到香港定居，在港期间，创作了 200 多首粤曲、小调。曲调清新、旋律流畅、委婉动听、节奏生动，富有鲜明的个性和风格。其中《平湖秋月》《银河会》《岐山凤》《步步高》《青梅竹马》等一批乐曲成为脍炙人口的民间音乐，至今仍广为流传。

有"飞将军"之称的张惠长 1889 年出生于大环村，幼年随父侨居美国。1914 年，受孙中山委派，林森到美国后在华侨子弟中招募航空学员，抱着航空报国的愿望，张惠长进入美国纽约寇蒂斯航空学校，学习飞行技术。1920 年 11 月，孙中山先生回广州重建大元帅府，并成立航空局，朱卓文任局长，下辖两个航空队，其中第一航空队队长为张惠长。北伐战争打响后，张惠长任国民革命军总司令部航空学校校长。为了宣扬航空精神，他决定环飞全国，这在中国历史上是第一次壮举。张惠长驾驶飞机，历时 30 天，选择北京、上海、汉口等几个大城市作为中途降落休息地，圆满完成了飞行任务，一时引起轰动，成为全国焦点人物。抗日战争爆发后，张惠长接受中共有关联合抗日的主张，组织建立抗日救亡群众团体"抗先队"，任总队长并领导中山守备队，在横门等地抗击入侵日军，取得两次横门保卫战的胜利，有力地打击了日军嚣张气焰，鼓舞了中山军民的抗日斗志。

名人故居的修缮

　　彰显大环名人文化与提升入村口空间形象是张惠长故居修缮和吕文成粤乐纪念馆改造的出发点。张惠长故居位于大环村入口的西侧，是入村重要公共空间。改造前，入村口有几棵枝繁叶茂的大榕树，树下为"天然"形成的停车场，越过停车空间，村委会建筑和张惠长故居一前一后错落分布，受村委会现代建筑影响，故居则显得非常低调地藏在后面。走进故居院落，杂草丛生，堆满了建筑垃圾。建筑因年久失修，走在二层木板上吱吱作响，阳台上的栏杆局部被风化，榕树长在楼梯上，仿佛再过几年这栋房子就要被树吃掉一般。结构上虽受一定破坏，但是建筑整体架构保存完整，屋顶壁画和花式地板极大彰显了建筑艺术。张惠长故居亟待开展一次抢救式修复，并营造成为大环村最重要的文化性空间。在这一思路的驱动下，我们提出了两个要求：一是尽快修，尽快开展张惠长故居的保护性修缮工作；二是尽量拆，拆除村委会建筑，打开入口空间，并将张惠长故居展现出来。在我们的推动下，张惠长故居的修缮从内部结构到外立面都进行了整体提升。村委会建筑被整体拆除，办公空间腾挪至厂房改造建筑。入口空间终于被显现，故居、大草坪、大榕树成为我们入村的重要形象界面，一幅乡野的、文化的图景便展现了出来。

　　吕文成粤乐纪念馆利用侨房黄庆堂改造而成。黄庆堂与张惠长故居隔路相望，为入口东侧的重要建筑。改造前被一大块标语牌遮挡，从侧门小巷进去，植被茂密向四周恣意生长，弯身而过到一庭院，庭院荒草杂生。从庭院进入建筑内，地面蒙尘，屋顶壁画脱落，但难以掩盖房子精致的内装。"这栋房子一定要改成吕文成粤乐纪念馆"这一想法从我们内心强烈

4-8　张惠长故居修缮前

4-9 张惠长故居修缮后

4-10 吕文成粤乐纪念馆

地滋生了出来。

名人故居周边的改造

　　大环涌为小隐涌支流，紧邻着吕文成粤乐纪念馆自西向东从村内流淌而过。乡村振兴工程实施前，沿线污水直排对大环涌水质造成较大破坏，所以综合整治迫在眉睫。作为一个古村落河涌景观整治项目，在项目伊始，设计团队就提出要从保护的角度入手，重点考虑河涌古村古韵风貌体系构建，植入音乐文化要素，彰显大环在地文化。水质整治是中建三局开展的EPCO项目，考虑到造价因素，采用了水泥驳岸形式，这与我们一直以来倡导的古村落河涌景观保护性整治有较大的偏差。在驳岸呈现雏形时，我们提出希望采用老石板筑驳岸的建议，遗憾的是设计师的发声在工程造价和施工惯性面前显得苍白无力，直到最后都未能实现。除水质整治外，河涌的护栏和沿河步道设计是设计工作范畴，为充分演绎音乐元素，我们把护栏设计成琴键的样式，阳光洒下，阴影生长，地面形成一处黑白相间的琴键格。一到傍晚，护栏上的音响便播放吕文成的《平湖秋月》，孩子们也听得津津有味，艺术的熏陶便从小开始。

　　从入村广场跨过小隐涌便是一座碉楼，村里人称之为"自卫楼"，结合

4-11　小隐涌沿线改造前后对比

4-12　小隐涌沿岸改造效果

碉楼当年的功能，这个名字尤为贴切。自卫楼是站在大环涌北望可以看到的第一座碉楼，我们进行了墙面清洗，加固碉楼结构，并对碉楼周边建筑进行解危，植入便利店、早餐店、音乐咖啡厅等新兴功能。

第三节　石鼓公园

石鼓公园的由来

大环村在历史上是海边的滩涂，礁石分布，在泥沙沉积和岁月洗礼后，陆域面积扩大，形成了冲积平原，这也是大环村最具特色的地貌特征。在大环村还没形成之时，石鼓山便已存在，这是一组天然的海边礁石，平面面积大约20米见方，高度大约3米。围绕大石鼓，大环村慢慢形成，村民利用这组礁石，将3米高处的礁石顶改造成一个平台，利用阴凉形成休憩纳凉的空间。抗日战争期间，大环村人积极抗敌御侮，中共党员黎民惠、黎源仔等人在中山抗战中英勇杀敌、为国捐躯。不少村民也为抗日游击队搜集情报、沟通联络、掩护伤病员，做出了积极的贡献。为纪念在抗日战争和解放战争中牺牲的14名大环村烈士，大环村于1950年在村中心石鼓山建起了纪念亭，1982年由旅居香港的同胞黎一安捐资重建，2000年在华侨、港澳台同胞和社会各界支持下，村委会再次重修、扩建烈士纪念亭，将原纪念亭和烈士墓的纪念碑集于石鼓山上，建成小公园，成为爱国主义教育基地。

石鼓公园改造思路

一说到大环村，除了碉楼，石鼓公园便是最大的认知印象，公园里形态各异的礁石群见证着大环村的沧海桑田，遮天蔽日的古榕树树冠连成一片，将整个公园遮在一片阴凉之下，村里可以休憩纳凉的空间不多，石鼓公园自然而然地成为村民日常休憩的场所。

天然礁石、烈士纪念亭和纪念碑、古榕树是石鼓公园各时代的历史沉积记忆，这些要素也定义和塑造了公园的场所气质和历史价值，在保留这些元素的前提下，如何重塑石鼓公园的时间记忆，展现天然礁石、古榕树、纪念碑，构建公园与周边老屋的有机风貌关系成为一个重点考虑的课题。

从村口经中环正街往北直行可达石鼓公园，映入眼帘的是绵延起伏的缓坡状礁石。瓷砖宝瓶栏杆立于礁石之上，对礁石原貌产生了较大的影响。设计提出了拆除栏杆、恢复大石鼓原貌的建议。其次是改造公园的整体风貌。历史上石鼓公园的改扩建多由村民自发完成，各年代手法叠加也造成了石鼓公园自身在风貌上是混乱的，设计遵循尽量保留原场所和空间感的原则进行改建。将原地面暖黄色的地砖更换为跟礁石色调更接近的暖灰色花岗岩，拆除原暖色调的大理石树池，更换为青砖花池，更新健身器材，冲洗烈士纪念亭。通过一系列微改造的措施，从而焕发出了石鼓公园场所的活力。

4-13　石鼓公园改造第一版方案

石鼓公园周边建筑的改造

石鼓公园作为大环村的核心节点，是团队乡村振兴最早介入的一批项目，设计中透露着乡建理想。公园的改造不仅局限于公园本身，还包括与周边景观环境相依的物质空间环境。设计师选取了公园周边集体产权建筑，植入文化功能，塑造环公园文化生态圈。就这样，文创馆、醒狮会馆、大环市场的改造应运而生。

文创馆位于石鼓公园南侧，房屋空置，门窗都已损坏，墙体也有不同程度的倾斜，屋顶瓦片局部脱落并长满了植物，院子里更是杂草丛生。经历过多次台风后，建筑岌岌可危，但岭南传统建筑的风貌遗存犹在。设计师以保护原有墙体为理念，门窗洞口遵循原建筑位置，修旧如旧。在建筑内重新搭

4-14 文创馆改造方案

4-15 醒狮会馆改造方案

建钢结构框架作为新的结构支撑体系，并用玻璃面将墙体保护起来。无法保护的部分，则用原房屋拆除的瓦和砖进行重新组装，砌出"老建筑"。功能上，村集体进行运营，植入文创产业，新增书吧、咖啡馆等。

醒狮会馆位于石鼓公园北侧，是一间马赛克立面建筑。设计师将其改建为一栋青砖立面的建筑，同时融入木纹金属铝板、玻璃等现代元素。屋顶做了较大的变化，靠近石鼓公园的一侧立面来回翻折，开高窗形成与公园对话的意向。

大环菜市场位于醒狮会馆对面，紧邻石鼓公园，早期是作为大环村的菜市场来使用，现已演化成一处休憩亭廊。设计师重构了一个坡屋顶的构筑物，在底面效仿活字印刷的形式，用木板搭出一个个格子，将文字刻在部分格子里，并局部镂空形成几个采光天窗，构建一处有传统意义的、形式现代的构筑物。

4-16 文创馆、醒狮会馆实施效果

4-17　菜市场改造方案

第四节　东卡公园

"卡"是一个防御的概念，大环有东、南、北卡，结合34座碉楼形成了完整的村落安防体系。东卡公园则位于原东卡的位置，是村落东侧的一片杂草丛生的荒地，产权一直属于村集体，一直未作开发。

初临这片场地，设计师是非常兴奋的。场地总面积约有40亩（1亩=666.667平方米），其中20亩属于村集体产权，设计条件很清晰，地势也较为平坦，设计的自由度很高，我们参与设计的其他村落里是没有这么大面积产权明晰的、可以设计的空地的，在这里设计更像是城市里设计公园的感觉。

东卡公园西侧紧邻幼儿园，南部为新建的高层住宅区，虽位于村落最东侧，但周边居民较多，建成后能为村民提供一处休闲空间。设计伊始我们就明确东卡公园不仅仅是一个公园，而要成为村落公共设施的重要补充。为实现全村的平衡，缓解村内停车难问题，东卡公园的设计兼顾了一定的设施配给要求。为满足儿童和老人的需求，设计师也明确要提供多样活动场所包括沙坑、凉亭等，让东卡公园有更多的便民功能。

最不像乡村公园的公园

在开展乡村振兴工作时，我们团队往往会寻找村落的特质，用以构建村落的符号标识。大环村的精神符号我们定义为圆，以"环"为形式，把圆的内涵融入灯具、铺装、标识、建筑等各个角落。东卡公园的设计也采用了环的元素，将更多曲线的、现代的设计元素融入篮球场、飘带等空间，公园整体呈现出灵动的、圆环与曲线结合的设计风格，使之更像点缀在大环村东畔的一颗珠宝。

4-18 东卡公园效果图

篮球场的最初设施位于圆环内，三个半场各是三分之一圆，组合在一起是一个整圆，这样设计更具趣味性，同时达到集约用地的效果，与周边步道和景观也结合得更加紧密，但缺点是三个半场都是非标，没有一个全场，村里如果进行比赛会受限制。最后和村委会沟通下来，我们还是选择了实用性方案，将趣味篮球场变成了两个常规的 15 m×28 m 的篮球场。

东卡飘带是贯穿公园的特色漫步道，路幅宽度从2米到8米宽不等，结合不同明度和饱和度，宛若丝带绕东卡公园飘荡。东卡飘带建成后成为居民跑步、儿童游玩的不二去处，也成了大环最具特色的休闲打卡步道。

对于公园的停车场我们也做了趣味化的处理，"浪费"了一些用地来增添设计感。我们打破传统停车利用率最高效的全直方停车，加入了一些30°和60°角的停车位，这些停车位用黄、粉、蓝三种颜色的彩色沥青进行提示，其他直方停车位用普通植草砖，普通和特色停车位相互组合，形成点缀式的创意停车场。标识系统上我们延续了大环村碉楼特色标识系统，并为东卡公园设计了"东卡公园"入口标识牌。

东卡公园的呈现

总体来说，东卡公园在落地的细节上并未尽如人意，图纸上顺畅的曲线化路缘石在实施时因为精度控制问题会出现对缝和衔接不平整，尤其是拟合弧线时候的直线段材料过长，拼接也会略显随意，在弧度较大的地方会更加明显。彩色沥青的路面在设计图纸上是比较和谐的，但落地后会显得饱和度较高，与公园整体相结合有些跳脱。铺装方案在实施的时候因石材和不同材料间的对缝未做到严丝合缝，也未达到预期效果。

其中当然也有一些设计过程中疏忽的部分，比如：设计图纸上树种采用较大树径，这样会显得公园郁郁葱葱，但是正式实施时因为造价原因选用的树种相对较小，后续也没有进行设计调整增加乔木，导致公园建成后乔木较少，公园显得比较空旷。

对于东卡公园，我们采用了一种对比的手法，没有延续古村落的历史公园，而是营建了一处现代公园，为村民提供了一处城市级的休闲空间。这与

4-19　东卡公园实施效果1

4-20　东卡公园实施效果2

中山城乡一体格局是分不开的，在城乡交织的格局下，应该为村民提供一些城市级的配套设施，让老有所依，幼有所学，让村落的魅力能在这一处现代的公园上呈现。

值得高兴的是，2022年大环的舞狮会举办地点就在东卡公园，村里老老少少集聚此处。回想到我们在设计之初就提出大环村一定要有一个能够举办大型活动的场所，如今真正实现时，我们认为为村里做了一件大好事。

4-21　东卡公园实施效果3

4-22　东卡公园内的民俗活动

第五节　大环古村改造小结

2018—2021年，大环村第一个三年计划基本完成，三大节点（飞将军广场、石鼓公园、东卡公园）以及两条线的整治（小隐涌支流景观、东环街街景整治），基本擦亮了大环村最重要的名片，明确了大环村主要的旅游观赏路径。

由于第一个三年计划在一年之内得到了迅速实施，2.0版本的三年计划相继出炉，目标是打造香山粤乐古村。要实现目标就要更清楚地了解自己的"家底"，所以我们对大环村进行了更深层次的盘点。

首先，聚焦大环村的名人文化和红色文化。飞将军张惠长、音乐家吕文成、红色会堂及石鼓公园仍然为大环最重要的名片。

其次，展示大环村丰富的山水人文资源。华佗山下，小隐涌畔，山环水绕，碉楼及文物、历史建筑等依旧是重要的历史文化资源。

再次，发现大环村集体物业较少。目前，大环村集体物业仅有20处，主要集中在小隐涌西岸，华佗山和华佗山东部、北部空地，以及石鼓公园。侨房集中在卓庭祖街共31处，危房较多，面积高达5 991平方米；锌铁棚面积为8 721平方米；出租房共26处，面积为4 146平方米。

4-23 大环乡村振兴项目库图（1.0版本）

最后，在公共服务设施和基础设施方面，村内街巷虽多，但其通达性以及通车情况不佳，不可通车街巷有22条，占据一半以上；社区服务设施缺乏，仅有1处老人康乐园，1处幼儿园，3处文化活动中心，缺乏党群服务中心以及儿童活动场地；市政基础设施还未覆盖全村，网线、电缆主要分布于主干道处，基本满足通信要求；给水主管主要分布于小隐涌支流两侧，街巷内设有分管，基本满足大环社区给水需求，排水及排污目前还未进行雨污分流。

经过对大环村现状的分析，我们锁定了五大集中区，分别为集体物业集中区、文化集中区、碉楼集中区、闲置庭院集中区以及名人文化资源集中区。

实现 1.0 到 2.0 的转变

2.0版本的三年计划每年都有一个小目标：2022年展现小环线；2023年从线到面，展现示范区；2024年呈现大环十景。在实施路径上要强调民生和特色。民生方面，首要解决村内市政基础设施问题。对于村民最为关心的交通及停车问题，我们划定了慢行区，以及拟新建的4处停车场，我们希望打通重要堵点，完善交通网络。对于村内大量的废弃庭院，实行分类改造。一类是愿意改造为四小园并由村委会托管运营的，就可以对其进行改造提升，进而招商注入业态；另一类主要以环境整治为主，改造围墙，清除杂物等。面对原先缺乏的公共服务设施，我们拟改造老人康乐园为大环社区服务中心，升级大环幼儿园，申请省级幼儿园，并且新建党群服务中心、卫生站等。为了配合日后大环村的新身份——粤乐古村以及新产业——音乐，需要按照4A级景区配套设施的要求，增加游客服务中心等功能。

特色方面，凸显大环村的音乐、碉楼特色，聚焦音乐主题，结合特色发展业态，策划了音乐会演、主题展览、沉浸体验以及公益文化四大类型活动，为大环村拓展文旅、休闲等支撑产业，打造生生不息的四季文化舞台。

规划拟建设音乐公园、小隐水乐带、八音街、半山音乐长廊、音乐庭院等。

音乐公园位于大环村牌坊处，将吕文成粤乐纪念主馆进行修缮、布展，结合其周边的碉楼、传统民居一同打造成纪念馆群；结合一期建设的长廊作为吕文成作品体验廊，室外空间作为小型演出场地；将原先村口空置的商业大楼改造升级为粤乐培训学校，进行音乐教学、讲座等。

小隐水乐带主要为小隐涌沿岸，包括道路及涌边广场。沿滨河步道设置不同主题的景观场景，将灯光与自然元素结合，打造出融于自然山林河畔的音乐之路以及音乐活动广场；改造单侧建筑外立面使其整体风貌协调，其中，值得一提的是榕树广场的厂房，院内还有一株古树和传统风貌建筑权属教会，我们与教会沟通后，他们很支持我们的规划思想，并且愿意与村委会合作将这块地新建为大环村的商业楼，可引入文创、展示、商业等。

八音街的建设是单体建筑与街巷的联动，实现以线串点。设计师利用原先的传统风貌建筑进行解危、修缮，将其打造成为音乐书房、音乐咖啡厅、音乐文创坊、音乐花园等，并将街巷进行景观提升，沿线建筑进行外立面提升以配合整体风貌的打造。

联动华佗山设计打造半山音乐长廊，

四、大环半山音乐长廊
规划范围：10.67公顷

五.大环音乐庭院项目包
规划范围：4.37公顷

三、八音街项目包
规划范围：5.77公顷

一、吕文成音乐公园项目包
规划范围：1.08公顷

华佗山

4-24　大环乡村振兴项目库图（2.0版本）

215

4-25　吕文成粤乐纪念馆修缮方案效果图

　　在现状调研过程中，我们注意到华佗山与村内链接的地方空间灵动有趣，但是环境却是脏、乱、差。由于地势复杂，我们在村委会的带领下，以步为界，画出了我们可打造的长廊范围。

　　废弃的庭院应该是大环村的另一宝藏资源了，它们散落在村中各处，又神奇地分片集中，这很容易实现小隐秘而大联动的庭院网络。我们对这些庭院进行改造升级，吸引大师、艺术家等入驻，为大环村注入新的艺术活力。

第五章
古村改造进行时

第一节　沙涌村

新石器晚期，马岭一带已有人迹。秦始皇时期，已有人在沙涌、福涌、马岭、北台等地聚居并形成居民点。沙涌成村于南宋，主要姓氏为马，古有"先有三涌，后有铁城"一说，三涌就包括了沙涌、福涌、斧涌。

宋绍兴二十二年（1152年），福涌人梁溪甫作为总设计师主持铁城的修建。宋景炎二年（1277年），沙涌缙绅为纪念梁溪甫建铁城有功，申报县府

5-1　宋帝遗址牌坊

5-2 马乐山旧居

在福涌兴建"功建铁城梁公祠"。明洪武十四年（1381年）香山县改为坊都，共设置11个坊都，沙涌、福涌划归良字都，成为11个坊都之一。

沙涌村的历史文化积淀深厚，其街区是广东省级历史文化街区。在这里，走出了"南宋四大民族英雄"之一的马南宝、中国百货先驱"先施公司"创办人马应彪，这里也是世界级手模大师、"史努比中国之父"马乐山的祖居地。这里，民国时期就有西式的公园、医院、学校、幼儿园；这里，也曾是环城公社的驻点，完整保留着会堂、邮局、饭堂等，证明着曾经的繁华。

沙涌村历史古迹众多，保存有大量建于民国时期的公共建筑和传统民居，是中山最有代表性的侨乡。如马应彪为其父所建的"马公纪念堂"、清朝嘉庆年间建的镇龙阁、始建于民国十年（1921年）的"宋帝遗址、侍郎故里"牌坊、仿西班牙式风格建筑"沙涌先施学校"、仿意大利式风格建筑"一元堂"、仿英国式风格建筑"南源堂"等。

2019年中山市人大提案《关于将沙涌历史文化街区作为微改造试点的议案》中提出："为了给历史文化街区和古村落保护性开发积累经验，建议率先试点沙涌历史文化街区微改造项目，借鉴永庆

5-3　马公纪念堂

坊项目'政府主导、市场运作、多方参与、互利共赢'的改造模式，政府出让所持物业一定年限的经营权，吸引社会企业投资运营。"

2019年城市更新局组织编制了《中山市南区上塘涌周边保护更新规划》，规划提出整体保护"沙恒竹上"（沙涌、恒美、竹秀园、上塘），更新"沙恒竹上"周边的低效工业区，以城市更新促进街区的保护。

2020年《中山市历史文化名城保护规划（2020—2035年）》扩大了沙涌历史文化街区的保护范围，并将竹秀园、恒美、上塘的传统风貌建筑集中区域划定为良都风貌区。

2021年沙涌被列为中山市特色精品村，由中山市市长挂点，我们在保护规划的基础上开始了精品村的乡村振兴规划编制。

岁月留痕

宋景炎二年（1277年），宋端宗自潮州浅湾被元兵追逐，航海避敌过香山境，马南宝献粮千石以饷军，宋端宗敕奖其功，召拜权工部侍郎。此时，宋端宗以马南宝家暂作行宫，马南宝竭力保护宋端宗。祥兴二年（1279年），马南宝与招讨使黎德讨伐叛军，大败，被捕不屈，年仅36岁壮烈殉节，葬于小赤坎鳌鱼岗。明清两朝均追表其忠，崇祀乡贤。

上海南京路上的先施、永安、新新和大新公司被称为"四大百货公司"，开启了中国百货业的先河。其中的先施公司就是由沙涌村的华侨马应彪于1900年1月8日创办，它是香港早年规模最大的百货公司，也是香港第一间华资百货公司。1917年，马应彪在上海开设先施百货，先施公司统办环球货、首倡"不二价"、雇佣女店员、首创开放式柜台。1916年，竹秀园华侨郭乐、郭泉兄弟在上海创办了永安公司，该公司是首家采用日光灯管和玻璃橱窗的百货公司，并以发行礼券、代客送货、邀请明星、赠送奖学金等促销手段著称，首创以天桥连通两幢大楼，开创了商业与娱乐结合的先河。

由马应彪捐建的沙涌公园，为中山历史上第一个民国公园，为西式园林。园林内部的建筑极具艺术价值，属中山民国时期公园的精品。民国十年（1921年）时，马应彪为纪念其母，出资在沙涌增设幼儿园，使得南区成为

5-4　沙涌公园历史照片

5-5 沙涌公园现状

中山地区较早设立幼儿教育机构的区域，其编写的《五千字课》也曾被乡人编入教材。

公社记忆

沙涌是中山历史上人民公社时期环城公社的典型例证。1958年至1981年间中山各地实行人民公社区镇设置。南区的前身为环城公社，公社驻地在沙涌。环城（乡、公社、区）辖区范围为石岐（市）郊区，曾外延至港口镇、西区长洲、板芙神湾以及东区的白沙湾及长江村，核心范围为现今南区大部分地域。

从1950年到1997年，近半个世纪时间内，沙涌承担了环城公社的中心职能，留下了一系列当年的公社建筑，如会堂、邮局、饭堂、供销社以及办公楼等，曾经这里是环城最热闹的地方，形成了一条包含百货商店、华侨商店的商业街。

华侨乡情

沙涌是中山最具代表性的侨乡。民国十六年（1927年），中山人郑芷湘、郑礼卿、吴梅一等人发起修筑"岐关车路"，该路以东干大路为主体从县城石岐直通澳门。马应彪等华侨参与投资建设，历经九载于民国二十五年（1936年）实现通车，进一步加强了良都与澳门和西方国家的沟通。岐关公路成为中山从山到海，从海到洋的重要通道，也促进了中山地区人口往外流动，出现了大量的侨乡侨胞。

南区侨胞众多，主要分布在美国、加拿大、秘鲁、澳大利亚、新西兰、斐济、英国、奥地利、菲律宾等地。借助侨胞这一团体，大量西方建筑元素在沙涌得以运用，中西合璧的设计风格是侨房典型特征，"沙涌先施学校""一元堂""南源堂"等仿西式建筑兴起。西式半圆卷窗、西洋窗、穹顶式建筑广泛出现，沙涌成为中西建筑合璧的活化石。

侨刊也成为联系中外的重要纽带，《环城侨刊》由广东中山市环城区侨联主办，前身是《沙涌侨乡月刊》（1958年创刊），1982年刊名更为《沙涌侨刊》，沙涌建乡后又改为《环城侨刊》。读者对象主要是居住在北美、澳洲和中国香港、中国澳门地区的乡亲，被称为"游子家书"。

展现沙涌特色

沙涌村内不可移动文物及历史建筑较多，不可移动文物有6处，5处待修缮；历史建筑7处，4处待修缮；推荐历史建筑30处，推荐传统风貌建筑50处。沙涌传统风貌建筑如此众多，可谓民居宝库。

2022年，《沙涌经联社特色精品示范村建设项目库》编制开展，设计围绕发挥名人效应而展开，以"侨文化+"为发展方向，充分挖掘"四大百货"创始人等名人事迹和文化资源，联动科学城建设，推动村落文化服务功能建设。

乡村振兴项目库制定以区域联动为出发点，以更新促保护，使"沙恒竹上"整体提升。展示文化，以集体资产和古道为主要对象，形成文旅发展的

5-6　沙涌传统民居

5-7　沙涌村总体鸟瞰图

哑铃型结构。改善民生，以传统街巷的打造带动成片的改善与活化，全面提升基础设施，提升居民幸福感。重点亮出1条古道，即南宝大街；打造2个4A级景区，即马应彪纪念公园和环城公社；修缮3条大街，即仁和四巷、长兴八巷、横岭十二街；展示10张名片，即宋帝遗址、南宝大街、马应彪纪念公园、环城公社、沙涌公园、香山书房、马乐山手模博物馆、马乐山手模公园、沙涌建筑艺术馆、上塘涌文化商业水岸。

环城公社

环城公社位于沙涌的入口处，拥有供销社老饭堂、供销社商铺、税务所、邮局、银行、供销社冰室等。这一区域唯一的公共空间为沙涌公园，现做停车场使用。进村后经宋帝遗址牌坊，沙涌公园映入眼帘，其为马应彪捐建，是中山历史上第一个民国公园。园林内部的建筑极具艺术价值，属中山民国时期公园的精品。从老照片可以看出沙涌公园采用了西式园林设计手法，呈规则的几何构图，草坪上裁剪出"沙涌公园"的字样，公园大门山花、八角亭、四角亭、公园碑记一应俱全。

我们对这一空间的设计主要考虑场景复原，拆除占用原公园一定空间的岭南厨具厂宿舍楼，复建四角亭，完整还原当年的沙涌公园景象。恢复老沙涌公园的大门山花形式，公园内采用横平竖直的步径体系，步入公园则为"沙涌公园"四个草坪大字，宛若步入法式园林。入园右手边为两个星形地被景观，与星形景观形成对景的是复原的八角亭，呈现当年盛景。功能上对周边建筑进行活化，植入创意集市、老字号商业、时尚艺术中心、精品酒店、会展活动酒店、花园式办公等。

228

5-8 沙涌公园设计效果图

5-9　环城公社设计效果图

南宝大街

　　南宝大街是岐澳古道支线，沙涌南北中脊，南宝大街沿线有镇龙阁和多个历史建筑，整治提升南宝大街沿线风貌是沙涌乡村振兴的当务之急。设计师提出"收、储、租"并用，统一改造运营，打通两侧街巷，以南宝大街的改善带动两侧鱼骨状街巷功能的提升，在南宝大街上植入老字号商业业态。

5-10　南宝大街现状

针对20世纪80年代以前的建筑遵循修旧如旧原则；20世纪80年代以后的现代建筑立面则采用饱和度低、浅色系的色彩，鼓励采用青砖、洗米石等材料，重点调整入口、窗套、外墙的材料。规范道路划线，保证5米沥青路面不变，西侧增加3米石板人行道，改造三角街头空间及巷口空间，取消街边停车位，更换路灯、街道家具等。强调地标的形成，通过镇龙阁的修缮，提升整体风貌。

5-11 南宝大街鸟瞰效果图

马应彪纪念公园

　　围绕着马应彪纪念公园的工厂建筑群构建了纪念公园的整体空间意向，南源堂是整个片区的视觉焦点。设计上一增一减，做减法，注重传统产业清退，拆除南源堂南侧第一栋厂房，腾退应彪路南侧工厂生产功能，拆除锌铁棚；做加法，打造沙涌最大的文化创意公园。设计师通过增设步行天桥与改造公共空间，形成极具沙涌特色的文创艺术街区。同时对于公园东南侧现有大体量单层厂房，则采取了逐步拆除的设计方式，将公共空间还给村民，与现有球场结合形成以体育为主题的社区公园。整体构建一北一南两个分别具备历史文化属性与社区活动公园的对应，功能上也形成有效的互补，适应不同的人群需求。公园西侧两个地块则更偏重于对现有建筑的精细化提升，分别着墨于幼儿园建筑立面改造与现有商住餐饮楼的活化利用，配合东侧地

5-12　马应彪纪念公园周边改造效果图

块新建的社区服务中心及停车场。这五个街区的改造在避免大拆大建的前提下，既满足了沙涌村对文化保护的需求，促进了本地产业的发展，实现了配套设施的完善，又能切实符合村集体与村民的现阶段需求与长期利益，有效平衡发展与保护之间的矛盾。

马乐山卡通梦想乐园

"李小龙不怕别人会一万种踢法，就怕一个人将一种踢法练习了一万次。搞艺术也就和练功夫一样，只要肯在一个小领域，坚持不懈地下功夫，持之以恒，就能成为这个领域的专家。""史努比中国之父"马乐山这样说道。马乐山是沙涌人，并因创造了几代人的童话偶像史努比而名满天下。史努比创始人舒尔茨曾说，凡是马乐山做的"花生"漫画公仔都不用修改，可以直接送去做模型生产，马乐山成为舒尔茨指定的唯一制模人。2000年舒尔茨逝世，其代理人与马乐山协商，将马乐山做的近3万件各具特色的史努比手模进行展览，并大获成功，也为舒尔茨人生画下了一个句号。

2005年，马乐山以石岐乳鸽为原型，创制吉祥物"岐岐"和女版吉祥物"岐妙"。他说："我为外国卡通贡献了五十载喝彩，更为给家乡做第一个卡通而骄傲。"马乐山因乐观的性格和匠心精神，被称为"老顽童"。20世纪90年代末，马乐山将在香港收藏的史努比模型一件件搬回沙涌祖屋，并成立工作室。回到沙涌祖屋后，马乐山专注于一项特别的工作——制作中山有影响力的人物雕像。仅2012年，他就完成了16座中山名人雕像。

乡村振兴方案将马乐山祖居及周边划定为手模公园，设计师提出更新马乐山故居前广场，修缮马绍廉纪念堂及马乐山故居，形成以儿童游乐为主题的片区；提升松寿街街景，修缮应彪桥，连通公社片区和上塘村两大设计策略；将马乐山工作室、SNOOPY体验馆、马乐山手模博物馆、卡通梦想园手伴概念店、卡通梦想街区、SNOOPY儿童餐厅、儿童概念书店等打卡地功能植入；广场上构建以平躺的史努比为视觉焦点，辅以多个室外玻璃展示体，展示体内放置马乐山的手模模型。一条艺术大道完整展示马乐山的艺术人生，追忆匠人，鼓励其他艺术家下乡。

5-13　马乐山卡通梦想乐园效果图

第二节　横门渔港

渔业公社与避风港

横门渔港的兴起，不同于历史传统村落或城市化进程中出现的城中村。村内百姓多为20世纪70年代中山各镇渔业队迁往本地定居的渔民。新中国成立前，横门渔港是一片滩涂，20世纪70年代开始建港，人工挖成近4.5万平方米的渔港。在成立了渔业公社后，渔民们纷纷从小榄、黄圃等地迁徙而来，与当地十顷、涌口门的本土渔民一起生活，也形成了小榄渔队、民众渔队、神湾渔队、坦洲渔队等。渔港的建成，为渔船提供了避风的安全港，也为横门对外经贸活动提供了便利。改革开放初期，横门渔港成为广东与香港、深圳海上贸易联系的重要枢纽。渔业公社的渔民，也在很早就凭借着靠海吃海的得天独厚优势，搬进了多层小洋楼里。

近年来，随着渔民减船转产，横门社区的渔船早已大幅减少，大量的渔民上岸转业，转而发展起休闲渔业游等多元项目。昔日的渔船摇身一变成为游船，渔民也纷纷转为发展海洋旅游产业。每年8月，渔民在举行开渔仪式后，会将停靠在横门渔港内的渔船和休闲渔业游船缓缓驶出港口，向南朗范围海域进发，重新开启"耕海"生活。节假日租船，从横门渔港出发，沿横门西水道进入灯笼涌到淇澳，沿途欣赏滩涂红树林风光、珠江口海天美景、港珠澳大桥，体验渔民捕捞生活，在船上品尝捕获的海鲜。这些旅游景点和海鲜品尝已经吸引大湾区的游客们纷至沓来，熙熙攘攘的渔港又一次找回了往日的繁华。

量身定制立面

横门渔港拥有优越的海洋资源，依托邻近翠亨新区、深中

5-14 横门渔港整体效果图1

5-15 横门渔港整体效果图2

5-16 横门渔港整体效果图3

通道的交通优势，乡村振兴变得"容易"了许多，以展现海洋文化和渔港特色为主基调，改造内容和方向相对清晰。建筑上，聚焦海富大街两侧的立面改造与沿渔港一侧的立面改造，重点对公共空间进行优化。

现有建筑大多建于20世纪80至90年代，由于长期暴露在海边潮湿的空气中风吹日晒，建筑的立面已经出现裂缝和瓷砖脱落，同时，建筑朝向渔港一侧也因为渔民们不断加建铁皮棚和廊架，显得凌乱不堪。风格上，我们在设计之初也有过一些不同方向的尝试。一种是以单一白色为主色调，反衬出大海与天空的蓝色，另外一种则是高饱和度的多彩建筑，每栋建筑结合现状量身定制，营造出浓郁的热带生活气息。最终我们还是选择了后者，希望结合现有建筑立面的多样性，给海富大街和渔港一侧带来全新的生命力。建筑单体上，细分为几个不同部位进行改造。

首先是沿街建筑首层改造。现有建筑大多为二至四层的建筑，目前只有小部分建筑的首层功能为商业，业态以便利店、零件店与大排档为主，剩下的大部分建筑首层都被卷帘门封闭，活力不足。改造的目的是让每栋建筑的首层未来都能够作为居民或租户自营商业使用，配合海富大街中央高大的椰子树，形成完整的热带风情商业步行街，让渔港获得重生。首层商业的改造采用两步走策略，一是对现有建筑的各个角落进行深入的调研、拍照与整理，记录下建筑每一个不起眼的角落，为后续设计工作的开展打下了基础。二是设计师们根据现有建筑的功能、立面颜色、比例和空间特征，从中提取出属于建筑本身的精华，做出适合每个单体的店面方案。以玻璃、金属、彩色艺术涂料为主要建筑材料，通过拆除卷帘门与立面构图的再优化，结合商业外摆与景观小品，最终呈现的方案是一条热闹的商业步行街。

二层及以上的部位改造则更多考虑经济和实用。原有的二层以上部位立面以阳台为主，内阳台与外阳台的形式并存，但也因为新旧不一和质量差异，影响了整体的街道形象。在不干扰原有居住、民宿功能的条件下，设计采用隐形防盗网、增加立面绿植、更新彩色门窗等方式，替换原有锈迹斑斑的防盗网及老旧门窗，让阳台成为海富大街上靓丽的风景线，为街道增添竖向的层次与活力，也为商业运营提供了更多的可能性。

5-17 海富大街沿线改造效果图1

5-18 海富大街沿线改造效果图2

建筑的最后一个部位则是沿着出海的渔港一侧。与朝向海富大街一侧立面不同的是，沿海一侧的建筑首层都有自己向外悬挑出的平台，是作为商业外摆的绝佳空间。团队结合测绘资料，复原了现有的建筑模型并进行了改造设计。在拆除了违章搭建棚户、改造了平台和围墙之后，沿海一侧旧貌换新颜，已经完全具备了作为黄金海岸线的潜力。试问又有谁能拒绝在海边的露台上，点上一杯美酒，看着扶手上停留的海鸥，享受着清凉的海风，感受这逃离城市喧嚣后的久违平静。

除了滨海界面外，渔港最吸引人的还是那窄窄的海边"栈道"。它本身是作为渔民们登船的通道存在的。栈道紧贴着渔港的三边，是天然的慢行道，能够高效连接渔港的各个区域。第一次踏上栈道，我们习惯性紧张地握紧了一旁的栏杆。栈道高出常水位两米左右，又让我们有了一种海上踏步的感觉。栈道的改造希望为建筑沿海一侧提供一条慢行通道，激活沿河一侧的商业。在保持原有结构形式的情况下，团队重新设计栏杆、灯光与栈道表面颜色，让栈道在视觉上更为优雅精致，在使用上也更为安全与方便。

5-19　滨海空间效果图

5-20　游客中心改造效果图

5-21 横门灯塔效果图

栈道的尽头，是一组高低起伏的楼梯，通向了一个被几棵巨大榕树所覆盖的狭长广场，游客与渔民在树下乘凉、垂钓，儿童在粗糙的地面上奔跑。不仅是巨型树冠的遮天蔽日，榕树的气根也垂满了半空。更为夸张的是脚下的地面，榕树强大的生命力已经挣脱了原有树池的限制，也撑破了地面的铺装，张牙舞爪地向远处不断延伸。

榕树广场的提升不需要过多的设计，而更多的是对旧有公共空间的活化和再生。榕树广场改造面临的第一个难题是测绘的精度问题。通过常规的手段无法精确测绘榕树的气根与地面根系的范围，设计师自然也无从下手。在经过多轮研究和尝试后，测绘团队使用了先进的三维扫描机器人，将榕树根系转换为三维点云，较为完整地在模型中还原出了榕树根系的自然状态。后续的设计也水到渠成地为榕树根系留出生长空间，根据根系走向再组织广场的流线、补充座椅与栏杆扶手、优化标识标牌位置与设计。我们尽量在设计过程中避免大拆大建，而是在保留原来榕树肌理的基础上，引入现代元素，实现新旧融合，为居民、游客提供一块自然、朴素的休憩与垂钓场所。

5-22　榕树广场效果图

城市对乡村的影响

在横门渔港东北角的出海口处，有一片采砂场，它占据了观海的最佳位置，自然也成为我们改造计划中的重要一环。我们建议村里能将这块地租用为公共沙滩，为横门社区提供一块较大的公共活动空间，来接待和容纳数量庞大的游客，也满足村民在开渔节或大型活动时使用的需求。这个项目最终没有实施，但是却让我们开始思考乡村振兴的另外一个重要方面，也就是城市及城市活动对于乡村的影响。

飞速城市化的影响最显而易见的一点就是生产资料的集中，对农村生产力的争夺。在之前的篇章我们也提到了横门渔民生产活动减少，转而把出海捕鱼作为第三产业，这在无形中已经实现了产业的变更。渔民靠着旅游业为生，开海鲜店、经营游船，他们不再具有传统乡村相对与世隔绝或封闭的特征，取而代之的是与城市游客的高频率接触与交易，他们的思维方式和生活方式其实也在不断变更。对于建筑师和规划师来说，最有意思的发现就在于

5-23　沙滩改造效果图

观察这种城市的影响力对于乡村振兴空间利用的不同之处。

在别的村落，乡村振兴的大多数项目关注在本村居民的生活配套提升或者是公共空间的优化，而横门渔港的空间优化和更新，似乎在很大程度上需要我们优先考虑的是如何为游客提供便利。在讨论会中，从对游客服务中心、展示馆、公共沙滩、停车场、美食街等一些场所的需求来看，横门的村民考虑的不仅是村民自身的使用便利，更多的是为一种类似文旅开发或农家乐开发模式的需求。村内所谋划的，也是开展骑行、漫步、水上运动等活动，打造吸引湾区东岸年轻人的休闲旅游胜地。希望通过对村落公共空间的利用和改造，为"海上农家乐"提供便利，同时也希望这些空地能够变成现代网红独特的打卡地，转而吸引城市里的人群来到这里。

因此，我们设计的出发点是如何通过乡村振兴的平台来完成一种局部的自发"城市化"行为。这种模式，短期的优点在于快速提升居民的收入和信心，也有助于让更多的渔民留在本地经营旅游服务产业，实现乡村的产业振兴。但长期来看也存在隐患，如果未能形成高效有组织的开发，形成成熟稳定的商业模式，在后疫情时代，粗放的开发和单一的可能会让本地逐渐流失好不容易积累的客源，同时又因为过度的开发，消耗了乡村的发展潜力，并对环境造成永久性的损害。

第三节　桂南村

五桂山下的"新村民"

桂南村位于五桂山南部，旗溪村是其一个自然村落。第一次来桂南村旗溪村小组，我们就感受到了它的与众不同与独特的魅力。傍晚进村，远处球场边茅草顶的竹屋里传出《国际歌》。给我们开门的村民热情地给我们介绍着围着桌子唱歌喝茶的年轻人，戏称他们正在举行每周五晚上的"国际聚会"。村里星星点点的灯光，伴随着来自五湖四海的年轻人的歌声，突然就让我们感受到了一种久违的祥和，用时下的流行语来说，来旗溪村几天，治好了我们的精神内耗。

在其他村落中，我们面对的大都是空巢老人或租赁客。而在旗溪村，我们遇到了一大群年轻人，他们来自五湖四海，在这里定居、创业的人有着独特的群体头衔——"旗溪新村民"。他们来到这里不是避世，而是在这里继续着他们的工作和生活，他们的到来也给村里带来了全新的活力和丰富的产业类型：书店、工作室、咖啡店、美术中心、学苑、瑜伽工作室等。这群新村民有着洋气的英文名，有着自己的爱好和工作，自发改造他们租下的房子，同时也对村子有着独特的思考。

绝大部分"旗溪新村民"都有在大城市生活的经验，他们不约而同地来到了这片美丽的土地。难能可贵的是他们中的很多人都已经来到这里很长的时间，逐渐融入了这个村落，也把这里当成了他们的故乡。一位来自北方的新村民告诉我们，他在来桂南村旗溪村小组之前从未在南方的乡村生活过，但是在第一次来旗溪村小组之后，就深深爱上了这个美丽的村落，并愿意留在这里定居。如今常驻旗溪村的"新村民"已经有70多位，他们用各自的创意、设计、实践，为社区注入新的能量。"新村民"社群已自发成立了社区联盟组织，并共同拟定了一份"旗溪生态社区经营公约"，他们用自己的方式维护着当地的生物多样性，保护着本土植物。

由中山市人民政府新闻办公室、中山日报社拍摄的《老外村游记》乡村振兴系列短视频曾以旗溪小组为对象进行拍摄，视频被国务院新闻办的海外社交媒体平台转发，向世界展示了美丽的中国乡村，推介了中国乡村振兴的中山实践。

久在樊笼里，复得返自然，这种从城市回归农村的生活方式，也让我们对大都市周边乡村的吸引力感到了深深的震撼。桂南村作为一个环境优美、安静祥和、配套设施相对完备的村落样本，已具有"理想村"的雏形。

设计师借助理想村模式，希望在旗溪村小组形成艺术家聚落，搭建社区营造平台，建立村小组乡村社区营造中心，挖掘本土资源，激发"新老村民"的自治活力。与此同时构筑自治空间平台，从社区群体的利益出发，对村庄的规划发展提出新的诉求，形成自上而下的治理，改变只有少数人参与社区公共决策的情况；引导"新老村民"参与社区"微改造"；各社区营造中心根据社区需求，搭建社创服务平台，引导乡村责任规划师、社会组织、村民等多元主体参与村落共创共治，形成"上下互动、左右互通"的治理模式。

无从下手的设计

随着对桂南村调研和走访的深入，我们却对如何开展乡村振兴感到无从下手。旗溪村小组的社区营造已颇具规模，是否真的需要设计师再来介入？就自然景观资源而言，五桂山山水田园风光已经让桂南村成为远近闻名的周末休闲地。就产业而言，在政策适度的扶持下，桂南村旗溪村小组已经吸引了一群志同道合的人来到这里扎根，文化艺术、科研教育等功能已与村落较好融合，也持续吸引着游客和新村民。这不禁让我们更为困惑：难道桂南村旗溪村小组就已经是最完美的村落了吗？它已经成功得到振兴了吗？哪里还需要进一步完善？

在一个满天繁星的夜晚，大家汇聚一堂，墙上挂满了旗溪村的地图和照

5-24　桂南新社群的聚会

片，村民们的手绘海报和手写便签也摆满了会堂的角落。我们把振兴问题抛给了新老村民，每个人都谈起了如何让村子变得更好，思路涉及村子的方方面面，有对引入自来水的期待，有对周末村子里游客停车位不足的疑虑，也有对游客留下大量不可降解垃圾的愤怒。新老村民的观点时而相同，时而相反，但从他们的言语中，我们也感受到了对村子未来的期待。他们考虑的不是自己，而更多的是乡村的发展。这是一种善治的体现，村民通过意识觉醒来自发对乡村进行改造，这是非常难的。对设计者来说，与村民的沟通并未带来过多实质性的结论，却让我们明确了在桂南村做乡村振兴的一个核心思路——多样人群视角下的公共空间微改造。

桂南村小组改造思路

桂南村主要包含社贝、马溪、旗溪、田心、石井联队等村小组。村域范围内现状用地呈现八分山水一分城一分村的用地结构。土地权属南侧以国有土地为主，北侧以集体土地为主。村内土地权属、租赁情况较为复杂，给后期规划设计及改造带来一定的挑战。后期拟建横五线、深南高速穿过村落，一定程度上使得村落交通更加便利，但对村落整体割裂影响较大。

近期建设规划对桂南村提出了"湾区绿谷客厅"的目标定位。拟将其发展成为大湾区生态保育、文旅服务、文化保护、城乡融合示范，同时，建设成为中山城市中央生态公园南部服务营地。

田心村是桂南村传统风貌建筑最为集聚的村小组，周边环境较好，自然资源丰富。其北侧为田心水库与市级田心森林公园，中山市最美公路翠山路从其西侧穿过，自然风光良好。通过走访，我们发现田心村民居的空置率高达50%以上。综合调研情况，我们希望未来能在田心村开发民宿，承接五桂山旅游服务大本营一部分的游客量。

通过租赁空置民居，对其进行合适的改造后做统一运营管理。村内相应植入不同功能，满足各种人群的使用需求。除主要的民宿外，还将规划田心创客中心、香山书院、粤菜博物馆等。

民居改造的主要方向以协调传统风貌民居为主，通过清洗墙面、更换外

5-25 桂南村乡村振兴改造效果图1

5-26　桂南村乡村振兴改造效果图2

墙材质以及更换门窗、拆除搭建、增加植物种植等措施进行改造。

整个田心村小组的民宿村借鉴乌村模式，按照"体验式的精品农庄"定位进行开发，强调在对田心村原有的传统肌理进行系统保护的基础上，营造具有典型岭南客家文化传统生活氛围、适应现代人休闲度假的"乌托邦"。

美食方面，采用健康的"一小时蔬菜"，严格按照"当餐到达，当餐使用"的原则，形成"从采摘到上菜一小时"的特色；住宿方面，细分为不同的组团单元，满足不同游客的需求；游玩方面，提供蔬菜采摘、各类农事活动、童趣天地、手工DIY、艺术田园体验等丰富的休闲体验活动，在田心村小组邻里中心、艺术田园等公共区域定期提供演艺、帐篷露营等活动。

5-27　田心民宿村效果图

马溪村小组分布在翠山路两侧，村民聚集点主要集中在翠山路以西，翠山路以东主要为田园与水塘。组织考察与调研后，我们拟在马溪村小组聚集点的翠山路以东规划一座桂南水乡酒店，并将其作为支撑五桂山旅游服务大本营定位的文化旅游项目之一。酒店运营采用拈花湾"文化＋会议＋旅游"的模式，打造标志性水乡景观，结合桂南果场丰富的旅游业态，同时不断优化场景体验，承接五桂山旅游主要游客量。

旗溪村作为中国中山市乡村振兴的典范，是中山市唯一具有社区营造基

5-28　桂南水乡酒店效果图

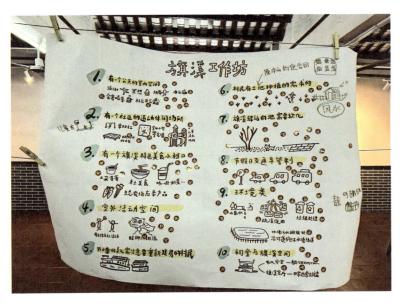

5-29　旗溪乡村社区营造

础的村落。旗溪是桂南村中部偏北的一个客家村小组，位于中山市五桂山生态自然保护区周边，这里山水如画、溪流蜿蜒，是众多青年人的"理想乡村"。如今常驻旗溪村的"新村民"来自世界的不同地方。他们之中有艺术家、设计师、自然教育者等，他们用各自的创意、设计、实践，为社区注入新的能量，同时也为乡村社区营造奠定了基础。

旗溪村水塘周边空间现状为水泥广场，目前公共空间品质较差，广场空旷，乱停车现象严重，周边传统建筑与现代建筑并存。

水塘周边空间改造的出发点是希望能为"新老村民"提供一个高质量的公共休闲空间，同时，与旗溪艺术家聚落的主题进行呼应。改造方案主要针对水塘的不可达、周边区域停车乱、整体公共空间少等几个重点问题进行规划设计。

改造方案聚焦水塘与水塘西北侧的小空地。首先对水塘进行治理，梳理水塘整体的绿化景观，增加水生植物种植，丰富景观层次。同时围绕水塘铺设小径，提高水塘的可达性与观赏性。疏解停车功能至翠山路临时停车场，留出空地进行公共空间营造。铲除水泥广场，外围铺设老石板小径，临近水塘使用碎石铺地，在水域与陆地之间进行一个缓冲过

5-30　旗溪水塘周边空间改造效果图

渡，而后使用花岗岩地砖对广场空间进行围合，并做微下沉空间处理，增加公共空间的层次与趣味性。靠近水面设置一个小型的平台，利用仿木纹水泥桩在水塘一侧做安全防护，可作为日常艺术家聚落的互动场地，以及举办池畔音乐会、自然教育讲座等活动的场地。

旗溪村小组入口处现有一篮球场，东北侧有小型停车场一处。停车区域以及周边绿化区域空间杂乱。对现状进行调研与考察后，我们希望对场地进行功能置换，疏解其停车功能，增设会客、商业功能及观景平台，建设旗溪会客厅，为居民提供休闲空间。

旗溪会客厅的设计以全龄友好为出发点。设计为一层建筑，一层为室内会客厅，内部植入便民服务、会客、阅读、老年康养、儿童娱乐等功能，同时，将建筑东南一侧设置为落地玻璃，以便更好地欣赏旗溪田园风光。屋顶为观景平台，配合设置树池座椅。除设置楼梯外，增设一个玻璃钢滑梯，增

5-31　旗溪会客厅改造效果图

加建筑整体的趣味性。

众口难调

在桂南村，印象最深刻的莫过于球场及其周边的改造。球场现位于桂南村旗溪村小组入口，近年来经过多次改造，在球场周边逐渐增加集装箱咖啡吧、看台、公厕、停车场等基础配套设施。经过多轮的"加法"，旨在增加这块场地的利用率，也在原有的村落外，为村民提供一块公共空间。

我们团队接手球场周边改造项目后，希望这块空间能进一步运用原生态手段，让乡村更乡村。首轮方案对球场和周边区域做了较大调整，包括对现有停车区域的移除并更换为临时性的竹亭、对座椅材质进行更新、对篮球场表面材质进行更换并增加了与集装箱互动的滑梯。但遗憾的是，我们觉得较为理想的方案却在村中引发了争议。一部分老村民出于停车方便的需求，强烈反对移除球场边的停车场；另一部分老村民认为停车场对于在球场周边玩耍的小孩来说，是安全隐患，应该另找区域集中设置。一部分新村民认为应该要把停车区域更换为半室外的空间，提供夜晚休息乘凉的场所或周末集市，而另外一些村民又认为应该新建一个有围护结构的社区活动中心或咖啡厅。同时，有的村民觉得球场周边才改造后不久，没有必要再次进行翻新，而有的村民又觉得现有的球场条件还是需要改善，公共空间需要再进行提升。除此之外，还有一些在村民内部无法达成一致的意见。

即使经历了多轮方案修改，整个项目的推进几乎原地踏步，我们尝试了半露天的凉亭、二层露台、集市、圆形的会议室等方案，最终方案综合考虑了旗溪村村民的主要诉求，即封闭会议室与开放空间之间的平衡。在高效利用土地的前提下，将村民活动、游客活动与社区活动空间有机结合，通过楼梯与上下贯通的滑梯的形式，营造出一个非传统的社区小型综合体。而对于球场及球场周边的座椅，则尊重村民委员会意见予以保留，只做适当的照明更新与围栏更换。

5-32 旗溪篮球场改造方案

5-33 旗溪溪边空间提升

5-34 沙爷河景观提升

5-35　田心村村民议事厅改造效果图

5-36　田心村传统建筑修缮方案

"善治"与"自由"

道德的本质是"自律"，伦理的本质是以人为中心，人是公共事务管理的"目的"和"对象"，"善治"促进了人的主体价值的"回归"。桂南村的改造以群体的诉求为纲，以单体的治理为对象，是乡村治理向乡村善治迈进的典范。但是这样一种村落治理模式也带来了决策困境和价值多元。大部分村民的建议，很难跳脱出他们自身所代表的群体身份。新村民中许多人都是受过良好教育的知识分子或艺术家，他们追求环保、节能的观点相对先进和前卫，追求的是理想化的田园生活方式。但对于老村民来说，与物质生活直接相关的改变则更为重要，包括安全、便利及经济收益，部分村民还持有保持现状的观点。多元价值评判标准，导致设计思路往往大相径庭。

很遗憾的是，后续在桂南村的项目推进并不是特别顺利。许多已经完成方案设计的项目都未能落地建设，原因也是多种多样的，包括产权问题、用地问题、施工影响问题等。后来团队也自我安慰，或许桂南自我生长的"自由"模式是村落演进的最佳路径，由长期在这儿生活、生产的村民们的自发更新行动来支撑未来的发展，才能让村落更具原生态魅力。希望在未来，我们能在中国更多的村子里，听到如同我们第一次来桂南村旗溪村小组的那个晚上从竹屋里传出的悠扬歌声，那是一种"善治"和"自由"的声音。

第四节　乡村振兴示范带建设

自 2018 年开始的美丽宜居示范村和特色精品示范村建设，对乡村风貌提升和基础设施建设起到了积极作用，但是单个村庄振兴难免出现功能重合、配套重复、资源未统筹利用等情况。2022 年 6 月 28 日，中山市委农村工作会议暨全市实施乡村振兴战略工作推进会召开，深入学习贯彻习近平总书记关于"三农"工作的重要论述，贯彻落实中央决策部署和省委工作要求。郭文海书记提出，要结合五桂山这块瑰宝，打造环五桂山"香山古韵"以及"岐水流芳"两大乡村振兴示范带。要坚持文化引领，闯出一条具有中山特色的乡村振兴之路。中山是国家历史文化名城，生态基础好、文化底蕴深，有很多历史文化资源丰富且各具特色的美丽乡村，完全有基础、有条件、有责任闯出一条文化振兴助推乡村振兴的路子。中山需立足打造与世界一流湾区定位相匹配的世界一流美丽乡村，谋划好、传承好、挖掘好中山丰富的历史文化资源，做好规划、久久为功，赋能美丽乡村建设。环五桂山"香山古韵"乡村振兴示范带建设方案是把山水林田湖村作为有机体，把区域协同、城乡融合、村落联动作为出发点，以岐澳古道、五桂山环线村落集群为纽带，高位统筹、整体谋划，改变以往以单个村庄建设为主的情况，通过识别村庄的"共性"和"个性"来实现整体有序、长效发展。

示范带建设不仅限于突破行政边界，更重要的是提供了一个全新审视城乡协同发展的视角，是在内聚式、自下而上的村民自主乡村发展的基础上，增加了自上而下的管控路径，从顶层设计角度入手，结合城乡关系，强化公共配置和公共治理，一定程度上拓展了乡村单元的边界，从整体性角度解决了单个村庄振兴的"失灵"现象。乡村振兴必须站位全域，避免就乡村论乡村。这也正式宣布中山的乡村振兴走向了更高阶的形态，从点式的单个村落振兴转向面域的示范带转变。

示范带建设框架

先期开展的乡村振兴示范带建设聚焦在环五桂山"香山古韵"的五桂山街道三乡镇10个村，总面积约100.73平方千米，具体包括长命水村、南桥村、龙石村、桂南村、大布村、雍陌村、塘敢村、前陇社区、西山村、古鹤村。

框架包括特征识别－底线保护－全域协同－规划传导四大内容。一是基于各村的资源禀赋，识别文化、生态、产业、交通、人口等要素，明确村落发展路径。二是立足生态文化保护，落实底线要素，实现文化脉络保护和全域生态管控。三是通过城乡协同、村村协同，构建城乡一体共融互促、村落风貌特色有序、产业发展错位协同、工作机制部门协同、基础设施共建共享、交通组织区域联通的机制。四是强化国土空间规划与实施规划的传导，设施配套完善和用地深化调整向上传导至国土空间规划，项目库编制和乡村指引向下传导至实施规划。结合城乡高度融合、农村产业非农化突出、自下而上农房修建行为失控的现实情况，将城市设计手段、产业平台构建、农房管控三大手段纳入示范带建设全过程，实现要素的全管控。

底线保护

全域生态管控

乡村生态环境是农村地区区别于城市的重要资源，从单个村落的生态保护扩展到区域生态保育，实现山水林田湖草村一体化是示范带生态管控的重要手段。示范带规划融合生态、农业两大要素，严控生态底线，践行"两山"理念，将生态资源转化为经济发展优势。生态修复方面，落实自然保护区、森林公园等刚性红线，保护五桂山山林屏障，保障碳汇储备，将带状、片状林串联，提高林地生态和经济性。农田修复方面，开展耕地保量、耕地提质、园地提升三大工程，对现有永久基本农田中非粮化区域，低效园地、林地、草地进行恢复。通过土地平整、土壤改良、灌溉渠设置、设施农用地完善、田间道路及机耕道改善等工程措施，实现提高耕地质量、保障粮食安全。

文化脉络保护

乡村的发展需要将文化当作战略性资源，纳入整体体系中。只有把遗产作为地方可持续发展的资源，它的价值才能被真正释放。环五桂山乡村振兴示范带作为地域相近的文化共同体，以岐澳古道为纽带，形成"村间带状+村内网状"的古道文化载体。区域上，古道南联北引，重点提升古道北至历史城区，南至珠海澳门的线路。村落间构建古道服务中心和驿站体系，强化古道活化展示利用。通过红色文化路线、文化资源点的串联联动打造，形成村落文化共荣的路径，如五桂山街道的南桥村和三乡镇的大布村均为红色文化特色。村落内，推动乡村自发保护，除文物保护单位和历史建筑外，结合具体的实施项目对村级传统建筑进行保护与修缮，作为历史村落风貌的基底。

5-38　汛地村提质方案效果图

5-39 石莹桥-槟榔山村整村提质方案效果图

通过村组干部、党员、热心村民的积极引导将历史村落保护写入村规民约，加强对历史村落保护的自我监督、自我管理，切实强化对村落内池塘、榕树、街巷、宗祠、广场等带有历史记忆空间的保护工作。

全域协同

设计统筹考虑城乡空间，实现城乡一体的共融互促

由于多年来的粗放发展，示范带10个村呈现了几个典型空间特征。一是村落各自为政，建设用地蔓延拓展，村、镇、厂间的生态廊道、田园基底预留和管控不足；二是由于潜在的租金差，村居空间正处于被蚕食的状态；

三是村庄内存在大量"插花式"国有证的自住地、工业地等。

乡村地区城市设计手段的运用是城乡高度交融地区乡村管控的重要手段，重点包括三大内容：一、针对村居单元间，尤其是镇街、村村交界地带生态廊道的预留，重点考虑生态田园廊道、视线通廊控制。10村示范带规划提出在三乡镇城乡高度融合区域预留5条公共绿廊，实现山、水、城、村、田的组团化布局。二、村级产业园空间的管控。以10村示范带为例，村级工业用地占建设用地比例高达21.4%，每个村都拥有产业园区，如古鹤村的家具产业园和中医药产业园，这类型空间难以通过乡村规划手段实现有序管控。规划探索"乡村产业单元"导则作为管控手段，导则重要要素包括：产业单元空间形象，产业单元与村落的空间格局关系，产业单元风貌指引，产业单元开发强度、高度、道路开口等控制内容。三、主要交通廊道两侧的风貌管控。

若把乡村中的各功能板块看作细胞单元，城市设计是在空间上缝合"村居细胞""产业细胞""城镇细胞"的有效手段，从城乡一体的角度入手解决城乡空间问题，弥补了村庄规划在特定地区深度不足的问题。

5-40 示范带三乡段效果图1

5-41 示范带三乡段效果图2

5-42　示范带三乡段效果图3

田心森林公园

田心水库

沿翠山路·高

旗溪艺术村

田心民宿村

桂南村
Guinan

桂南水乡

高尔夫

罗三妹山

岐澳古道

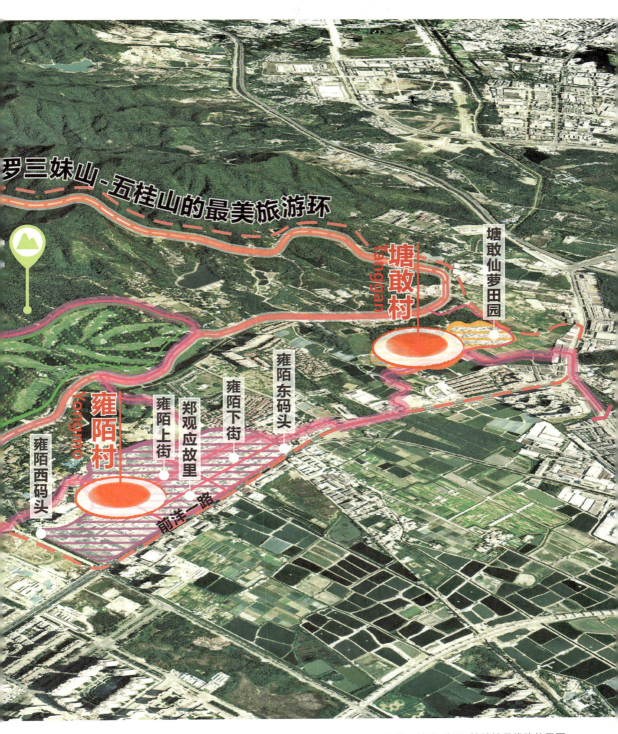

罗三妹山-五桂山的最美旅游环

塘敢村
Tanggan

塘敢仙萝田园

雍陌村
Yongmo

雍陌东码头

雍陌下街

郑观应故里

雍陌上街

雍陌西码头

前洋一路

5-43　桂南-雍陌-塘敢精品线路效果图

构建全域产业发展平台，实现产业发展错位协同

由于农村工业化现象普遍存在，示范带10村形成了一村一品的产业门类，如古鹤村的家具、西山村的布匹等。但产业用地破碎化、土地利用低效、产业模式单一成为乡村产业可持续发展的重要掣肘，需着力强化村镇产业融合，构建错位发展、特色鲜明、优势互补的村镇发展格局。一是现有低效产业园区需优化发展模式，梳理、确权产业用地，激活产业动能，创新产业布局和空间供给模式。对于产业发展较好的村落，充分挖掘存量，合理配置增量建设用地，采用点状供地形式，引导相关产业结合农村居民点分散布局，方便当地居民生产生活。二是按照"宜农则农、宜游则游、宜林则林"的原则，根据自身资源禀赋，发展产业服务型、文化振兴型、田园风光型、生态特色型乡村，允许多种乡村产业类型并存。积极探索文化旅游产业的发展路径。构建旅游服务网络乡村内依托内生文化底蕴，配套乡村型公共服务设施，把乡村作为理想生活栖居的目的地。三是完善制度构建，形成"1+1+N"的产业平台体系，即产业平台公司+村民+N个参与主体。产业平台公司由多方入股共营，村集体土地或空置房屋入股；非营利组织履行宣传服务、监督管理职能；国资通过技术、人员、资金入股；政府提供点状供地指标支持；社会资本完善运营全过程。产业平台公司雇佣村民进行工作，进一步推动创新、创业人口的回流。目前示范村内，雍陌特色文旅发展势头良好，已初步形成"1+1+N"的产业平台体系，中山市国有企业中汇集团、三乡镇属资产公司、村集体共同入股成立资产公司，合理开发雍陌村民宿、餐饮等村落旅游产业，2021年有5栋民宿开业，2022年扩展到30栋。

规划传导

向上与国土空间规划的对接

区域协同层面，结合生态保护、农田保护及村庄发展诉求，衔接控规，明确各村的用地需求，向上传导至国土空间综合整治中村庄建设用地增减挂钩方案的制定。公共服务设施配套从全域角度入手，完善配套和支撑体系，打造邻里生活圈。构建村与村之间的绿道体系、自行车网络体系，结合村落人口特征和产业特征，划分为宜居、宜养型（桂南村、塘敢村、西山村、南桥村、龙石村），宜游、宜创型（桂南村、雍陌村、古鹤村），城乡融合型（大布村、长命水村）三大类村庄，增设老者饭堂、乡村公寓、特色工坊等服务功能，并将公共服务设施配套要求纳入国土空间总体规划。

向下与实施项目库的传导

示范带项目库包括单列项目库和村内项目库两大类型。单列项目库主要为村与村之间的重大项目，如古道服务驿站、公园提质项目等。村内项目库编制改变以往涂脂抹粉形式，重点对象为四小园、公共空间、公共绿化、公共设施、文化标识等。示范带项目库编制弥补了村村交界空间的治理失灵问题，最终通过"一图一表"反馈至实施规划。

示范带的意义

从美丽宜居示范村和特色精品示范村建设到乡村振兴示范带建设，中山的乡村振兴已进入以片区协同为特色的阶段。这一背景下的乡村发展已不再是局限于某一要素，而是基于城乡统筹、片区统筹的视角对乡村空间的再审视和梳理。示范带建设完善了村庄规划体系，承担了城市总体规划中城镇体系的职能，对推动乡村振兴到人的振兴，实现全域共融起到了重要作用。

示范带建设并非乡村振兴工作的终极模式，而仅仅是城乡融合发展迈出的一小步。乡村的发展最终是为了推动人的生活方式现代化，实现乡村和城市有差别无差异的生产生活状态，城市和乡村生活的选择是个人生活场景选择的结果，并无优劣之说。所以，更宜居的生活空间、更高效的工作场景、更完善的公共服务配套、更优质的生态环境是乡村未来的发展方向，中山的乡村振兴建设也是任重道远。

后　记

中山的乡村保护振兴依然在进行。

写中山古村的改造过程，一是为了提供乡村保护振兴的实践样本，二是为了对自身进行反思。参与中山历史村落保护振兴实践的这三年，我们团队的想法也在逐步改变。乡村，这两个字的内涵也越来越丰富、立体。

中山有如此多的古村落如遗珠蒙尘，如何让政府、社会大众、村民看到古村落的价值，通过乡村改造改善古村落的生活环境，提升村民的自豪感，让村民主动保护这些古村落是我们参与中山历史村落保护振兴的初心。

在乡村保护振兴的过程中，我们也看到了更多面的乡村。除了历史保护的问题，还有乡村界定的模糊性、乡村发展的不平衡、依赖物业的"租赁经济"和乡村的高福利。很多乡村已经改成了社区，但依然保留着村集体经济。在中山，是否保留有村集体经济是界定城乡的标准。乡村发展不平衡，村集体收入从几百万到过亿不等。村集体年收入过亿的乡村，物业有商场、超市、办公楼和厂房，已不再是传统意义上以农业为主的乡村。村集体收入主要来源是田地、厂房和其他物业，属于一种"租赁经济"，并不是真正意义上的产业。另一个特征是中山乡村的高福利，中山的村民都享受城市社保，大部分村集体收入支付村委会的行政费用、村民的社保等福利费用后，已无足够的资金投入乡村保护振兴中，缺少持续的建设计划和资金保障。

在这一过程中，我们的另一个体会是中山乡村保护振兴的推动与村两委班子的积极性、镇街的支持和重视程度紧密相关。乡村的改造至关重要。我们很高兴地看到，中山乡村的变化，让离开乡村的华侨、村民更愿意在节假日、周末回到乡村小住，村民对乡村的归属感和自豪感日益加强。我们相信，在国家乡村保护振兴的战略下，在中山市委、市政府持续推动乡村保护振兴的思路下，中山古村落的整体价值一定会在粤港澳大湾区乃至全国大放异彩。